인기 있는 샌드위치 맛집 쿠클 레시피 / **샌드위치**의 **모든 것**

스타일링 김지현, 류송희, 정유나

음식 제작 조영춘, 박성희, 류복순, 조원영

포토그래퍼 배용경, 조윤화

인기 있는 샌드위치 맛집 쿠를 레시피
샌드위치의 모든 것

초판 1쇄 발행 2021년 1월 20일
초판 5쇄 발행 2024년 12월 4일

지은이 메이랩

발행인 장상진
발행처 경향미디어
등록번호 제313-2002-477호
등록일자 2002년 1월 31일

주소 서울시 영등포구 양평동 2가 37-1번지 동아프라임밸리 507-508호
전화 1644-5613 | **팩스** 02) 304-5613

ⓒ조윤화

ISBN 978-89-6518-327-3 13590

· 값은 표지에 있습니다.
· 파본은 구입하신 서점에서 바꿔드립니다.

EVERYTHING OF SANDWICH

인기 있는 샌드위치 맛집 쿠클 레시피

샌드위치의 모든 것

메이랩 지음

경향미디어

prologue

샌드위치, 어디까지 먹어보았나요?

샌드위치 하면 피크닉이 연상됩니다. 그런데 샌드위치의 다채로운 컬러감은 홈파티 음식으로 손색이 없답니다. 화려하게 장식된 테이블에 샌드위치를 놓아도 전혀 어색하지 않습니다. 실제로 샌드위치 만드는 수업에서 커팅한 샌드위치를 테이블에 플레이팅하면 생각 이상으로 잘 어울린다며 대다수의 수강생이 박수치며 환호합니다.

저는 식성이 예민해서 가리는 게 많아 눈으로 직접 확인하지 않은 외부음식을 되도록 피했고 그러다 보니 자연스럽게 집에서 음식을 만드는 경우가 많아져 요리를 좋아하게 되었습니다. 취미로만 요리를 즐기던 중 19년간의 직장생활에 위기가 찾아왔고 인생의 제2막을 생각하게 되었습니다. '내가 잘할 수 있는 무언가'를 찾다가 지금의 '샌드위치 연구가'가 되었습니다. 처음에는 단순히 빵을 좋아해서 수제 샌드위치를 시작했지만 지금은 세계의 다양한 재료와 요리법을 연구해 새로운 샌드위치를 개발하는 일에 도전하고 있습니다.

샌드위치는 정말 매력이 있는 음식입니다. 만드는 법은 간단하지만, 여러 영양소가 골고루 들어가 있어서 건강에 아주 좋고, 간단하게 식사를 해결할 수도 있으며, 특별한 날에는 술안주 또는 파티 음식으로도 내놓을 수 있습니다. 제일 중요한 건 특별한 요리 경험이 없어도 기본적인 요령과 조합을 알면 누구나 훌륭한 샌드위치를 만들 수 있다는 점입니다.

특히 '빵덕후'가 늘어난 데다 샌드위치가 건강식으로 자리매김하면서 샌드위치 맛집을 찾는 사람이 늘었습니다. 나아가 샌드위치를 직접 만들어 보려는 사람이 늘면서 샌드위치 쿠킹 클래스는 문전성시를 이루고 있습니다.

책을 보면서 누구나 간단하게 건강하고 맛있는 샌드위치를 만들 수 있도록 레시피를 정리했습니다. 빠르고 쉽게 만들 수 있을 뿐 아니라 맛과 모양도 신경 쓴 샌드위치 레시피입니다. 샌드위치 만드는 법부터 커팅과 포장하는 방법까지 소개하여 점심 도시락, 피크닉 음식, 파티 음식 등으로 바로 활용할 수 있습니다.

제 이름으로 세상에 선보이는 첫 번째 책이다 보니 준비 과정과 집필하는 시간 내내 많은 애정과 열정을 담았습니다. 부디 이 책이 저와 같이 샌드위치를 좋아하는 이들의 식탁 한편에 꽂혀 있기를 바랍니다.

마지막으로 아무 걱정 없이 일에만 매진할 수 있게 외조해준 남편과 양가 부모님 그리고 3년이라는 짧은 시간에 빠르게 성장할 수 있도록 옆에서 큰 힘이 되어준 지현쌤과 우리 어벤저스 팀원들, 또 이 책이 성공적으로 출판할 수 있도록 도와주신 모든 분에게 고마움을 전합니다.

메이랩

contents

프롤로그 —— 5
샌드위치 빵 —— 10
샌드위치 스프레드 —— 12
샌드위치 부재료 —— 17

맛있는 샌드위치를 위한 포인트 5 —— 19
샌드위치 포장과 커팅 —— 20
쇼핑 리스트 —— 24
계량 도구와 계량법 —— 25

PART 1 언제 먹어도 맛있는 기본 샌드위치

Potato Salad Sandwich
감자 샐러드 샌드위치 —— 28

Potato Korokke Sandwich
감자 고로케 샌드위치 —— 30

Sweet Potato Salad Sandwich
고구마 샐러드 샌드위치 —— 32

Green Vegetable Sandwich
그린 채소 샌드위치 —— 34

Spicy Crab Sandwich
매콤 크랩 샌드위치 —— 36

Caeser Salad Sandwich
시저 샐러드 샌드위치 —— 38

Sweet Pumpkin Sandwich with Seeds
단호박 씨앗 샌드위치 —— 40

Egg Scramble Sandwich
에그 스크램블 샌드위치 —— 42

Egg Frittata Sandwich
에그 프리타타 샌드위치 —— 44

Cucumber Sandwich
오이 샌드위치 —— 46

English Muffin Sandwich
잉글리시 머핀 샌드위치 —— 48

Old-style Salad Sandwich
옛날 샐러드 샌드위치 —— 50

Tuna Sandwich
참치 샌드위치 —— 51

Coleslaw Sandwich
코울슬로 샌드위치 —— 52

Corn Salad Sandwich
콘 샐러드 샌드위치 —— 54

Whipping Cream Fruits Sandwich
생크림 프루츠 샌드위치 —— 56

Potato Bacon Chip Sandwich
포테이토 베이컨 칩 샌드위치 —— 58

Potato Egg Sandwich
포테이토 에그 샌드위치 —— 60

PART 2 건강을 생각한 웰빙 샌드위치

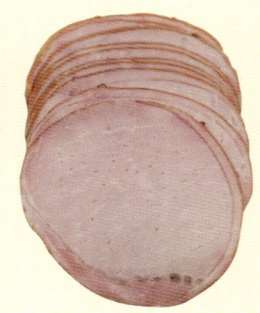

BLT Sandwich
BLT 샌드위치 —— 64

Crarrot Rappes Avocado Sandwich
당근 라페 아보카도 샌드위치 —— 66

Taiwanese Style Sandwich
대만식 샌드위치 —— 68

Deriyaki Chicken Sandwich
데리야키 치킨 샌드위치 —— 70

Japanese Style Pork Cutlet Sandwich
일본식 돈가스 샌드위치 —— 72

Rainbow Sandwich
레인보 샌드위치 —— 74

Fig Chutney Sandwich
무화과 처트니 샌드위치 —— 76

Well-done Bullgogi Sandwich
바싹 불고기 샌드위치 —— 78

Basil Pesto Chicken Breast Grilled Sandwich
바질 페스토 닭가슴살 샌드위치 —— 80

Grilled Vegetable Sandwich
구운 채소 샌드위치 —— 82

Bullgogi Sandwich
불고기 샌드위치 —— 84

Fried Shrimp Sandwich
새우튀김 샌드위치 —— 86

Egg Sandwich
에그 샌드위치 —— 88

Popular Song Sandwich
인기가요 샌드위치 —— 90

Curry Shrimp Sandwich
카레 새우 샌드위치 —— 92

Cajun Chicken Sandwich
케이준 치킨 샌드위치 —— 94

Cranberry Chicken Sandwich
크랜베리 치킨 샌드위치 —— 96

Cream Chicken Sandwich
크림 치킨 샌드위치 —— 98

Club Sandwich
클럽 샌드위치 —— 100

Japanese Style Egg Sandwich
일본식 달걀 샌드위치 —— 102

Ricotta Cheese Honey-egg Sandwich
리코타 치즈 허니 에그 샌드위치 —— 104

Cobb Salad Sandwich
콥 샐러드 샌드위치 —— 105

contents

PART 3 한 끼 식사로 손색없는 고단백 버거 샌드위치

Red Pepper Paste Bullgogi Sandwich
고추장 불고기 샌드위치 —— 108

Barbecue Chicken Sandwich
바비큐 치킨 샌드위치 —— 110

Banh-mi Sandwich
반미 샌드위치 —— 112

Pork Banh-mi Sandwich
돼지고기 반미 샌드위치 —— 114

Avocado Grilled Salmon Sandwich
아보카도 훈제연어 샌드위치 —— 116

Fried Grinded Fish Sandwich
어묵튀김 샌드위치 —— 118

Egg Benedict
에그 베네딕트 —— 120

Fried Vegetable Sandwich
채소튀김 샌드위치 —— 122

Jambon Rucola Sandwich
잠봉 루콜라 샌드위치 —— 123

Jambon Beurre Sandwich
잠봉 뵈르 샌드위치 —— 124

Stir-fried Seafood Sandwich
해물볶음 샌드위치 —— 125

Curry Potato Agitamago Sandwich
카레 포테이토 아지타마고 샌드위치 —— 126

Candied Bacon Sandwich
캔디드 베이컨 샌드위치 —— 128

Pork Sandwich
포크 샌드위치 —— 130

Aioli Sauce Classic Burger
아이올리 소스 클래식 버거 —— 132

Spicy Red Pepper Deriyaki Sauce Burger
청양 데리야키 소스 버거 —— 134

Cheese Waterfall Berger
치즈 폭포 햄버거 —— 136

PART 4 브런치로 어울리는 파니니

Injeolmi Panini
인절미 파니니 —— 140

Apple Brie Cheese Panini
애플 브리 치즈 파니니 —— 142

Gorgonzola Panini
고르곤졸라 파니니 —— 144

Caprese Panini
카프레제 파니니 —— 146

Philly Cheese Panini
필리 치즈 파니니 —— 148

Mix Cheese Panini
믹스 치즈 파니니 —— 150

Bullgogi Panini
불고기 파니니 —— 152

Mushroom Panini
머시룸 파니니 —— 154

Corn Cheese Panini
콘 치즈 파니니 —— 156

Cream Cheese Panini
크림치즈 파니니 —— 158

Potato Bacon Panini
포테이토 베이컨 파니니 —— 160

Hawaiian Panini
하와이언 파니니 —— 162

Marshmallow Panini
마시멜로 파니니 —— 164

PART 5 홈파티 음식으로 좋은 이색 샌드위치

Eggplant Pizza
가지 피자 —— 168

French Toast
프렌치 토스트 —— 169

Monte Cristo Sandwich
몬테크리스토 샌드위치 —— 170

Barbecue Chicken Quesadilla
바비큐 치킨 퀘사디아 —— 172

Bullgogi Quesadilla
불고기 퀘사디아 —— 174

Shrimp Tortilla Wrap
쉬림프 또띠아 랩 —— 176

Tiramisu Sandwich
티라미수 샌드위치 —— 178

Onion Flakes Hotdog
양파 플레이크 핫도그 —— 179

preparation

샌드위치 빵

샌드위치는 동일한 스프레드를 사용하더라도 빵의 재료나 식감에 따라 맛이 다르게 느껴집니다. 샌드위치에 자주 사용하는 빵을 소개합니다.

1. 식빵·잡곡빵
식빵은 가장 구입하기 쉽고 어떤 재료와 소스와도 잘 어울려서 샌드위치 빵으로 가장 많이 사용합니다. 신라명과 샌드위치용 식빵이 두께감이 있고 크기도 커서 풍성한 모양의 샌드위치를 만들 수 있습니다. 밀가루에 귀리나 호밀 등 다른 곡류를 혼합한 빵, 채소로 만든 빵 등 잡곡 식빵도 잘 어울립니다.

2. 치아바타
이탈리아어로 '낡은 신발', '슬리퍼'를 의미하는 치아바타는 통밀, 맥아, 물, 소금 등의 천연 재료만으로 만들어 맛이 담백하고 쫄깃합니다. 보통 햄과 육류가 주재료인 샌드위치, 파니니를 만들 때 좋습니다. 플레인, 화이트, 먹물, 곡물, 멀티그레인 등 종류가 다양합니다.

3. 포카치아
이탈리아의 전통 빵인 포카치아는 피자 반죽과도 비슷합니다. 폭신폭신하고 향긋한 풍미로 식전에 가볍게 먹거나 고급 샌드위치 빵으로 좋습니다.

4. 크루아상
프랑스어로 '초승달'을 의미하는 크루아상은 실제로 초승달 모양을 닮았어요. 버터질이 층을 이루어 식감이 파삭파삭하여 그냥 먹어도 너무 맛있는 빵이에요.

5. 브리오슈 번
프랑스 전통 빵인 브리오슈는 이스트를 넣은 빵 반죽에 버터와 달걀을 듬뿍 넣어 고소하고 약간의 단맛이 있어 풍미가 좋습니다. 모양에 따라 식빵, 햄버거 번, 핫도그 번, 모닝 번으로 달리 부르기도 합니다.

6. 베이글
'등자'를 의미하는 독일어 '뷔글'에서 이름이 유래했고 약 2,000년 전부터 이어져온 전통 있는 빵이에요. 달

TIP 빵 준비 및 보관

갓 구운 신선한 빵보다는 하루 정도 상온에서 수분기를 날린 빵이 샌드위치에 적합합니다. 만들어서 바로 먹을 때에는 토스트기에 구워도 좋지만 나들이용이나 도시락용으로 몇 시간 후에 먹을 때에는 굽지 않고 그대로 사용해야 좋습니다. 남은 빵은 꼼꼼하게 래핑해서 냉동 보관하고 상온에서 충분히 해동하거나 180℃로 예열한 오븐에서 3분 정도 구워줍니다.

갈, 우유, 버터 등을 넣지 않고 밀가루, 이스트, 물, 소금만으로 만들어 지방과 당분의 함량이 적고 칼로리가 낮아 소화가 잘됩니다. 맛이 담백하여 버터, 햄, 크림치즈 등과 잘 어울립니다.

7. 바게트

프랑스어로 '지팡이'를 의미하는 바게트는 표면이 바삭바삭하고 윤기 있고 모양이 길쭉합니다. 밀가루, 물, 이스트, 소금만으로 만들어서 갓 구워 따뜻할 때 신선한 버터를 발라 먹어도 맛있습니다.

8. 호밀빵

호밀빵은 주로 호밀 70%와 밀가루 30%를 혼합하여 만듭니다. 호밀가루로 만든 천연발효종 르뱅 때문에 시큼한 맛이 납니다. 표면이 거칠어 보이지만 투박한 모습과 다르게 씹을수록 고소하고 담백한 반전 매력이 있어요. 얇게 슬라이스한 호밀빵에 토핑을 얹어 오픈 샌드위치로 즐겨도 좋습니다.

9. 햄버거 번, 먹물 번, 핫도그 번

영국의 대표 빵인 번은 우유와 버터의 향미를 기본으로 한 재료에 건포도나 호두를 넣고 둥글고 작게 굽거나 베이킹파우더를 넣고 부드럽게 굽습니다. 주로 햄버거나 핫도그에 많이 쓰입니다.

10. 잉글리시 머핀

영국의 대표 빵인 잉글리시 머핀은 납작하게 구운 빵으로 달지 않으며 수분율이 높습니다. 영국에서는 머핀이라고 불리지만 다른 나라에서는 잉글리시 머핀이라고 불립니다. 아침식사용 샌드위치로 간단히 만들어 오믈렛이나 홍차와 곁들여 먹으면 좋습니다.

11. 페이스트리

밀가루 반죽 사이에 유지를 넣어 결을 내 굽습니다. 맛과 모양이 다양하여 여러 가지 요리에 곁들여 낼 수 있습니다. 오븐에 갓 구워내면 크루아상처럼 식감이 파삭파삭하여 누구나 좋아할 샌드위치를 만들 수 있습니다.

preparation

샌드위치 스프레드

1. 베이스 스프레드
마요네즈 3큰술, 홀그레인 머스터드 1큰술

2. 갈릭 버터 스프레드
버터 2큰술, 다진 마늘 1큰술, 꿀 1/2큰술
응용 메뉴 : 고르곤졸라 파니니

3. 바질 페스토 스프레드
바질 100g, 잣 5큰술, 다진 마늘 1큰술, 올리브 오일 10큰술, 파르메산 치즈가루 5큰술, 레몬즙 1/2큰술, 소금 약간, 후추 약간
응용 메뉴 : 바질 페스토 닭가슴살 샌드위치, 채소 샌드위치, 카프레제 파니니

4. BLT 스프레드
마요네즈 4큰술, 타바스코 핫소스 1작은술, 쪽파 약간
응용 메뉴 : BLT 샌드위치

5. 매콤 돈가스 스프레드
돈가스 소스 1큰술, 밀러 머스터드 1큰술
응용 메뉴 : 일본식 돈가스 샌드위치

6. 홀그레인 허니 머스터드 스프레드
허니 머스터드 1큰술, 홀그레인 머스터드 1작은술, 꿀 1작은술
응용 메뉴 : 레인보 샌드위치

7. 허니 마요 스프레드
마요네즈 1+1/2큰술, 꿀 1/2큰술
응용 메뉴 : 리코타 치즈 허니 에그 샌드위치

8. 무화과 처트니 스프레드
건무화과 1kg, 사과 700g, 다진 양파 200g, 황설탕 400g, 건포도 160g, 식초 500ml, 화이트와인 250ml, 토마토 페이스트 60ml, 홀그레인 머스터드 1작은술, 다진 마늘 1작은술, 계핏가루 1작은술
응용 메뉴 : 무화과 처트니 샌드위치

9. 불고기 마요 스프레드
마요네즈 3큰술, 불고기 소스(시판용) 1큰술, 칠리 시즈닝 1작은술
응용 메뉴 : 바싹 불고기 샌드위치

10. 렐리시 허니 머스터드 스프레드
허니 머스터드 1큰술, 렐리시 머스터드 피클 1큰술
응용 메뉴 : 아이올리 소스 클래식 버거

11. 캘리포니아 스프레드
마요네즈 2큰술, 필라델피아 크림치즈 2큰술, 레몬즙 조금, 홀그레인 머스터드 1큰술, 메이플시럽 1큰술, 황설탕 1큰술, 다진 양파 1큰술, 다진 마늘 1작은술
응용 메뉴 : 불고기 샌드위치

12. 돈가스 마요 스프레드
돈가스 소스 1큰술, 마요네즈 1큰술
응용 메뉴 : 새우튀김 샌드위치

13. 타르타르 스프레드
마요네즈 3큰술, 다진 양파 1큰술, 다진 오이피클 1큰술, 다진 삶은 달걀 1/2개, 레몬즙 1/2큰술, 후추 약간, 파슬리가루 약간
응용 메뉴 : 새우튀김 샌드위치

14. 허니 머스터드 마요 스프레드
허니 머스터드 3큰술, 마요네즈 1+1/2큰술, 물엿 1큰술, 다진 피클 약간, 다진 양파 약간
응용 메뉴 : 케이준 치킨 샌드위치

15. 요거트 마요 스프레드
마요네즈 3큰술, 플레인 요거트 1큰술, 양파 파우더 1작은술, 소금 약간, 후추 약간
응용 메뉴 : 크랜베리 치킨 샌드위치

16. 청양 데리야키 스프레드
청양고추 1개, 데리야키 소스 5큰술, 굴소스 1큰술, 홀그레인 머스터드 1큰술, 올리고당 1큰술, 전분물 1큰술(물 1: 전분 1)
응용 메뉴 : 청양 데리야키 소스 버거

preparation

17. 명란 마요 스프레드

명란젓 1큰술, 마요네즈 3큰술, 설탕 1작은술, 진간장 1작은술

응용 메뉴 : 일본식 달걀 샌드위치

18. 와사비 마요 스프레드

마요네즈 3큰술, 와사비 1작은술

응용 메뉴 : 일본식 달걀 샌드위치

19. 연유 마요 스프레드

마요네즈 3큰술, 설탕 1큰술, 연유 1+1/2큰술, 소금 약간

응용 메뉴 : 대만식 샌드위치

20. 크림버터 스프레드

무염버터 3큰술, 슈가 파우더 1큰술, 연유 1작은술, 소금 약간

응용 메뉴 : 대만식 샌드위치

21. 렌치 스프레드

마요네즈 4큰술, 생크림 2큰술, 플레인 요거트 3큰술, 레몬즙 1큰술, 꿀 2큰술, 어니언 파우더 1작은술, 갈릭 파우더 1작은술, 파슬리가루 약간, 후추 약간

응용 메뉴 : 콥 샐러드 샌드위치

22. 케첩 마요 스프레드

케첩 1큰술, 마요네즈 1큰술

응용 메뉴 : 감자 고로케 샌드위치

23. 칠리 마요 스프레드

마요네즈 2큰술, 케첩 1/2작은술, 핫소스 1/2작은술, 칠리 파우더 1/2작은술, 스위트 칠리 1작은술

응용 메뉴 : 매콤 크랩 샌드위치

24. 연유 스리라차 스프레드

스리라차 2큰술, 연유 1큰술, 케첩 1작은술, 올리고당 1작은술

응용 메뉴 : 에그 스크램블 샌드위치

25. 허니 화이트 스프레드

마요네즈 2큰술, 꿀 1/2큰술, 연유 1/2큰술, 플레인 요거트 1큰술

응용 메뉴 : 에그 스크램블 샌드위치

26. 스위트 크림치즈 스프레드

생크림 1/2컵, 크림치즈 3큰술, 설탕 1큰술

응용 메뉴 : 오이 샌드위치

27. 렐리시 마요 스프레드

렐리시 머스터드 2큰술, 마요네즈 1큰술

응용 메뉴 : 잉글리시 머핀 샌드위치

28. 스위트 마요 스프레드
마요네즈 3큰술, 설탕 1큰술, 레몬즙 1큰술, 소금 약간
응용 메뉴 : 코울슬로 샌드위치

29. 프렌치 스프레드
포도씨유 3큰술, 식초 1작은술, 다진 양파 2큰술, 마요네즈 2작은술, 디종 머스터드 1작은술, 다진 마늘 1작은술, 소금 약간, 후추 약간
응용 메뉴 : 포테이토 베이컨 칩 샌드위치

30. 들깨 스프레드
들깨 1큰술, 참깨 2큰술, 마요네즈 5큰술, 설탕 2큰술, 사이다 2큰술, 레몬즙 1/2큰술, 간장 1큰술, 후추 약간
응용 메뉴 : 그린 채소 샌드위치

31. 시저 스프레드
마요네즈 5큰술, 다진 마늘 1/2큰술, 식초 1/3큰술, 설탕 1/3큰술, 후추 약간
응용 메뉴 : 시저 샐러드 샌드위치

32. 갈릭 마요 스프레드
마요네즈 3큰술, 플레인 요거트 1+1/2큰술, 갈릭 파우더 1작은술
응용 메뉴 : 잠봉 루콜라 샌드위치, 치즈 폭포 햄버거

33. 크림치즈 스프레드
마요네즈 2큰술, 크림치즈 1큰술, 요거트 1큰술, 갈릭 파우더 1작은술, 허브 1꼬집, 소금 약간, 후추 약간
응용 메뉴 : 크림 치킨 샌드위치

34. 마리로즈 스프레드
마요네즈 2큰술, 케첩 1큰술, 레몬즙 1/2큰술, 우스터소스 1/2작은술, 허니 머스터드 1/2작은술
응용 메뉴 : 어묵튀김 샌드위치

35. 청양 마요 스프레드
마요네즈 3큰술, 청양고추 1/2개, 락교 2알, 미림 1작은술, 설탕 1작은술, 건파슬리 약간, 소금 약간, 후추 약간
응용 메뉴 : 어묵튀김 샌드위치

preparation

36. 스리라차 칠리 스프레드
스리라차 소스 1큰술, 스위트 칠리 소스 1큰술
응용 메뉴 : 반미 샌드위치, 돼지고기 반미 샌드위치

37. 카레 머스터드 스프레드
카레가루 1작은술, 꿀 1큰술, 머스터드 1큰술, 마요네즈 3큰술, 칠리 파우더 1작은술, 레몬즙 1작은술, 후추 약간
응용 메뉴 : 채소튀김 샌드위치

38. 홀스래디시 크림 스프레드
홀스래디시 2작은술, 샤워크림 1큰술, 마요네즈 1큰술, 레몬즙 1작은술, 올리고당 1큰술
응용 메뉴 : 아보카도 훈제연어 샌드위치

39. 홀랜다이스 스프레드
달걀 노른자 3개, 차가운 물 40ml, 레몬즙 1작은술, 정제버터 200g, 소금 약간
응용 메뉴 : 에그 베네딕트

40. 아이올리 스프레드
달걀 노른자 1개, 올리브 오일 80ml, 감자전분 1큰술, 다진 마늘 2큰술, 레몬즙 1작은술
응용 메뉴 : 아이올리 소스 클래식 버거

41. 바비큐 스프레드
바비큐 소스 2큰술, 케첩 1작은술, 스테이크 소스 1작은술
응용 메뉴 : 치즈 폭포 햄버거

42. 땅콩 스프레드
땅콩버터 3큰술, 마요네즈 1큰술, 간장 1작은술, 연겨자 1작은술, 물엿 1작은술, 피클 국물 약간
응용 메뉴 : 반미 샌드위치

43. 발사믹 크림 스프레드
올리브 오일 1큰술, 발사믹 크림 1작은술, 굴소스 1작은술, 다진 마늘 1작은술, 레몬즙 1작은술
응용 메뉴 : 구운 채소 샌드위치

* 샌드위치 소스에 표시한 것 중 허니 머스터드, 바베큐 소스, 샤워크림 등 스프레드 번호가 붙지 않은 것은 시판 제품을 사용했습니다.

preparation

샌드위치 부재료

신선하고 아삭한 채소, 치즈, 햄 등 부재료는 샌드위치의 맛을 업그레이드해줍니다. 샌드위치를 만들 때 자주 사용하는 3가지 채소와 대표적인 부재료를 소개합니다. 마트나 온라인 몰에서 다양한 재료를 쉽게 구할 수 있으니 기호에 맞게 구입하여 색다른 샌드위치를 만들어보세요.

1. 로메인
로마인이 즐겨 먹던 상추라 하여 로메인이라고 부르게 되었다고 합니다. 얼핏 보면 청상추처럼 생겼는데, 씹을수록 단맛이 나고 아삭하여 샐러드에도 잘 어울립니다. 대표적인 로메인 샐러드가 시저 샐러드입니다. 샌드위치를 만들 때에는 포기보다는 잎사귀를 구매하는 게 좋습니다. 흐르는 물에 깨끗이 세척해 체반에 세워서 물기를 제거해 사용합니다.

2. 양상추
수분함유량이 많은 양상추는 샌드위치 필수 재료 중 하나입니다. 쉽게 갈변되어 보관이 까다롭고 계절에 따라 가격 변동이 심합니다. 잎이 윤기가 나고 밝은 연두색을 띠며 들어 보아 묵직한 것이 속이 꽉 차고 수분이 많아 좋습니다. 사용하기 전에 차가운 물에 담가두면 식감이 더 아삭해집니다. 통으로 보관하면서 1장씩 벗겨서 사용하면 좀 더 오래 보관할 수 있습니다.

3. 이자벨
풍성한 모양새, 아삭하고 부드러운 식감, 은은한 단맛으로 샌드위치나 샐러드에 많이 활용되고 있습니다. 볼륨감이 있어서 햄버거나 샌드위치를 만들 때 넣으면 훨씬 더 먹음직스러워 보입니다.

preparation

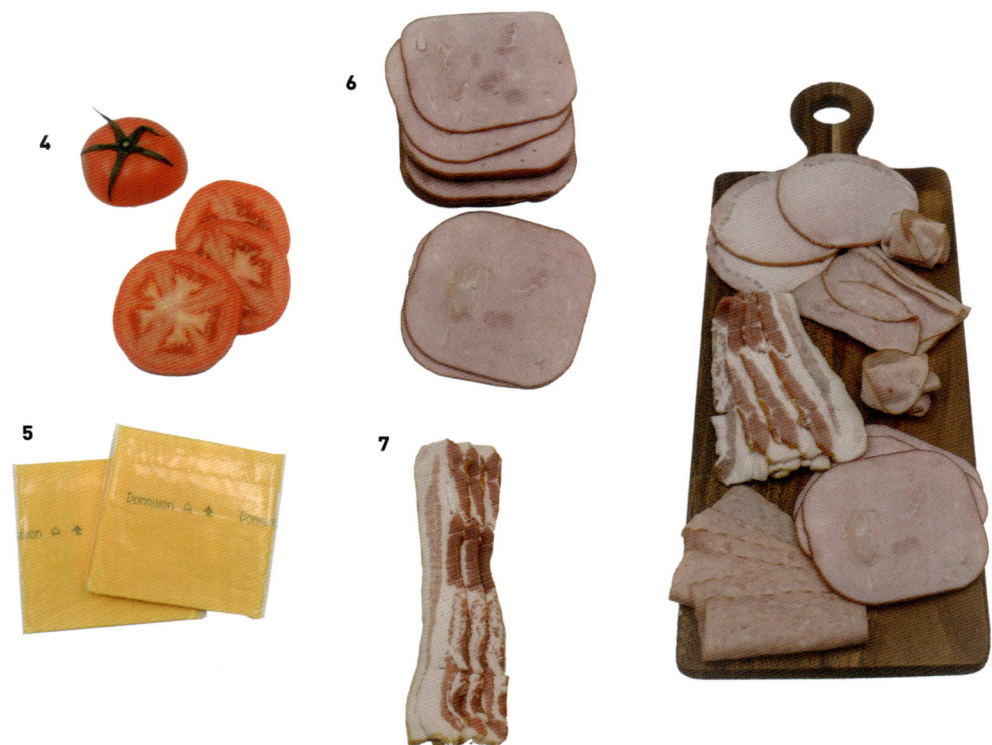

4. 토마토
샌드위치를 만들 때에는 주로 완숙토마토를 사용합니다. 크고 단단하며 통통하고 윤기가 나는 게 좋습니다. 녹색이 남아 있는 토마토는 상온에 두어 후숙하여 사용합니다.

5. 치즈
샌드위치를 만들 때에는 주로 슬라이스 체다 치즈를 사용합니다. 치즈의 독특한 향이 강하지 않으면서도 풍미가 고소해서 샌드위치에 잘 어울립니다. 개별포장으로 되어 있어 1장씩 활용하고 보관하기 편합니다.

6. 햄
햄은 생식용 햄으로 준비하면 따로 손질할 필요가 없어 간단하게 사용할 수 있습니다. 풍미가 좋고 잡내가 적으며 돈육의 함양이 높은 제품을 사용합니다.

7. 베이컨
베이컨은 손질하는 방법에 따라 맛이 달라집니다. 얇은 베이컨보다는 생삼겹살처럼 두툼한 베이컨을 사용하면 깊은 훈연의 향과 지방질의 감칠맛을 느낄 수 있습니다. 대용량으로 구입하여 한꺼번에 오븐에 구워 기름기를 빼준 다음 소분하여 냉동 보관합니다. 필요한 만큼 꺼내서 프라이팬 또는 전자레인지로 데워서 사용합니다.

preparation

맛있는 샌드위치를 위한 포인트 5

POINT 1 빵 선택

동일한 스프레드를 사용하더라도 선택한 빵에 따라 샌드위치의 맛과 모양이 달라집니다. 에그 샌드위치와 같은 부드러운 스프레드라면 부드러운 빵을, 건강함을 신경 쓴다면 곡물빵을, 주재료가 육류처럼 쫄깃하다면 치아바타나 바게트 빵을 선택합니다.

POINT 2 스프레드 고르기

평소 접하는 식재료가 한정적이기 때문에 사람들은 음식의 맛을 풍부하게 살려주는 스프레드를 열렬히 환영합니다. 저는 수제 도시락 케이터링 사업을 하면서 스프레드로 맛의 차별화를 꾀했습니다. 이 책을 준비하면서도 음식의 맛에 다양한 변화를 줄 수 있는 스프레드에 중점을 두었습니다.

POINT 3 채소 물기 제거하기

샌드위치의 최대 적은 수분이라고 할 정도로 채소의 물기는 샌드위치의 맛에 큰 영향을 끼칩니다. 채소는 가급적 하루 전날에 씻어 물기를 제거합니다. 사용 직전에 세척한 경우에는 탈수기로 물기를 충분히 제거해주세요. 볶음채소를 사용할 때에는 최대한 센불에서 살짝 익혀 사용해주세요.

POINT 4 속도

샌드위치를 만드는 공간의 온도와 습도는 빵과 재료에 큰 영향을 끼칩니다. 빵이 상온에 노출되는 동안 빠르게 마르기 때문에 샌드위치에 사용할 채소, 스프레드, 주재료 등의 준비를 완료했을 때 빵을 꺼내 빠르게 조립하고 포장해야 합니다.

POINT 5 포장

공기를 최대한 빼주어 짱짱하고 힘 있게 포장하면 시간이 지나도 빵과 채소와 주재료의 수분이 서로 밸런스를 맞출 수 있습니다. 빵은 촉촉하고 부드러우며 채소는 싱싱하고 아삭하며 주재료는 마르지 않아 처음의 맛이 유지됩니다. 포장을 꼼꼼하게 완성하면 커팅할 때에도 흐트러짐이 없어 보기에 좋습니다.

preparation

샌드위치 포장과 커팅

포장

도시락을 싸거나 선물할 때 포장이 중요합니다. 실제로 수업해보면 포장이 제일 어렵다고 말하는 수강생이 많았습니다. 차근차근 따라 해보세요.

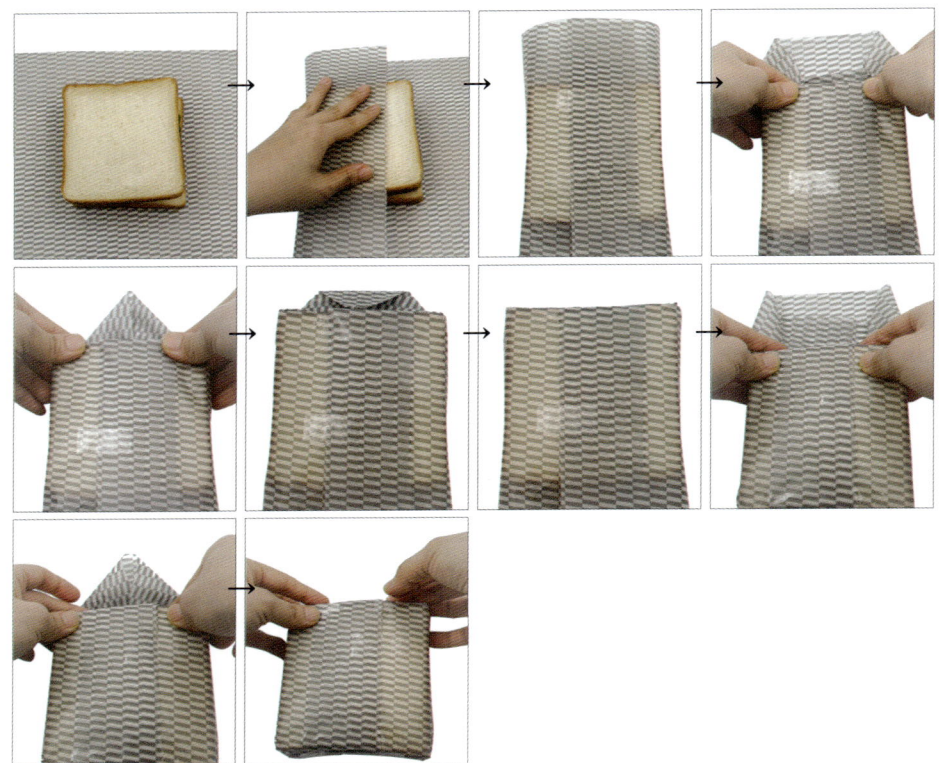

1. 샌드위치 포장용 유산지와 투명 테이프를 준비합니다. 다이소나 온라인 몰에서 쉽게 구입할 수 있습니다. 없으면 쿠킹용 종이포일이나 랩을 준비합니다.
2. 유산지를 바닥에 놓고 샌드위치를 가운데에 올려주세요. 샌드위치용 유산지는 재단이 되어 있습니다. 종이포일이나 랩은 25cm×30cm 크기로 잘라 사용합니다. 재단은 꼭 정확하지 않아도 괜찮습니다. 샌드위치를 전체적으로 감싸줄 수 있는 크기면 됩니다.
3. 유산지 양끝을 잡고 가운데로 모으고 가운데를 제외하고 가장자리에 투명 테이프를 붙여 고정합니다. 이때 가운데를 비워두어야 4등분하여 핑거 푸드 샌드위치를 만들 때 커팅이 쉽습니다.
4. 가운데부터 꾹꾹 누르면서 공기를 최대한 빼주면서 뚜껑을 닫아줍니다. 양쪽은 선물 포장하듯이 가운데로 모아서 삼각형 모양으로 접고 다시 반으로 접어서 샌드위치의 끝에 붙여주세요.
5. 반대쪽도 동일한 방법으로 완성해주세요.

preparation

커팅

포장된 샌드위치를 먹기 좋게 한입 크기로 커팅합니다.
하프 커팅과 핑거 푸드 커팅을 소개합니다.

··· 하프 커팅 ···

1. 포장한 샌드위치를 두 조각으로 자릅니다.
2. M봉투 또는 정사각형 샌드위치 케이스에 담아주세요.

··· 핑거 푸드 커팅 ···

1. 빵의 가장자리를 자르고 모양이 흐트러지지 않도록 4등분해주세요.
2. 커팅한 샌드위치를 유산지 컵에 담아 모양이 망가지지 않도록 직사각형 샌드위치 케이스에 넣습니다.

preparation

쇼핑 리스트

	베이커리
식빵	코스트코 신라명과 샌드위치 식빵
잡곡빵	뚜레쥬르 잡곡빵
브리오슈 치아바타	카페노리(www.cafenoli.com) 브리오슈빵
미니 크루아상	코스트코
딸기잼	코스트코 또는 수제
슈가 파우더	베이킹팜
	치즈/ 델리
체다 치즈	코스트코 리얼 체다 치즈
파르메산 치즈가루	코스트코 메사나 파르메산 치즈
프레시 모차렐라 치즈	코스트코 벨지오이오소 프레시 모차렐라 치즈
햄	CJ 더 건강한 햄
베이컨	코스트코 커틀랜드 저염 슬라이스 베이컨
새우튀김	코스트코 브레디드 쉬프림 튀김용 새우
피클	넬리 스위트 홀 피클
블랙 올리브	코스트코 린드세이 블랙 올리브
	소스/ 오일/ 향신료
치킨스톡	이금기 치킨스톡
레몬즙	레이지 레몬즙
돈가스 소스	오뚜기
와사비	코스트코 b&b 생 와사비
메이플시럽	코스트코 단풍시럽
발사믹 드레싱	코스트코 맥코믹 발사믹 드레싱
올리브 오일	코스트코 커클랜드 엑스트라버진 올리브유
	과일
크랜베리	코스트코 커클랜드
냉동딸기	코스트코 커클랜드
	유제품
생크림	서울우유
야쿠르트	야쿠르트
연유	서울우유
플레인 요거트	빙그레 클래식
버터	앵커버터
무염버터	앵커버터
	포장용품
코팅 유산지	새로 포장
유산지컵	새로 포장
M쿠키봉투	새로 포장
샌드 직사각형	새로 포장
샌드 정사각형	새로 포장

preparation

계량 도구와 계량법

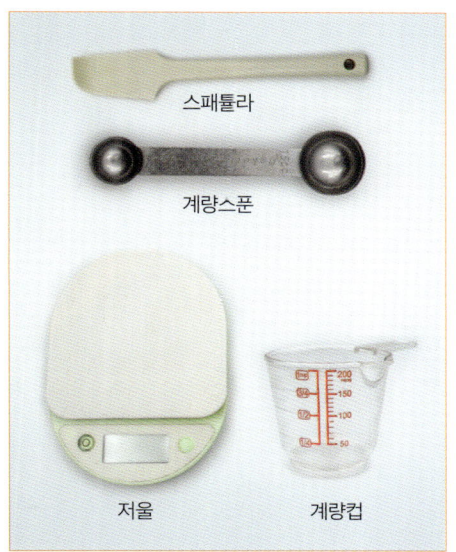

이 책에 실린 레시피를 그대로 구현하려면 정확한 계량이 중요합니다. 누가 만들어도 똑같은 맛을 만들 수 있도록 이 책에서 사용한 계량 도구와 계량법을 소개합니다.

계량 도구
샌드위치를 만들 때 필요한 계량 도구는 저울, 계량컵, 계량스푼, 스패튤라입니다.

계량법
계량스푼은 볼이 큰 쪽과 작은 쪽이 있습니다. 큰 쪽으로 계량한 것을 큰술, 작은 쪽으로 계량한 것을 작은술로 표기했습니다.
액체류는 찰랑찰랑할 때까지 가득 담고 파우더류는 편편하게 담습니다. 그런데 묽은 소스류는 계량스푼에 찰랑찰랑 차기 때문에 큰술 계량이 쉽지만, 마요네즈와 같이 점도가 있는 재료는 그냥 뜨면 계량스푼 위로 산처럼 올라오거나 계량스푼 안에 다 차지 않아 정확한 계량이 어렵습니다. 이 때 스패튤라를 이용해 윗부분을 깎거나 소량을 담아 올려 넣으면 됩니다. 볼에 옮겨 담을 때에도 스패튤라로 스푼 안에 묻은 소스까지 깔끔하게 닦아 정확한 계량을 해줍니다.

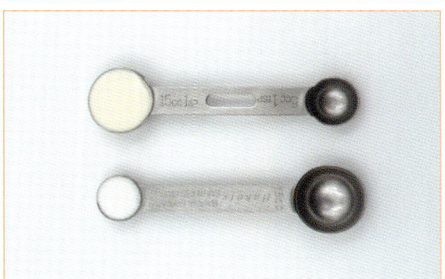

일러두기
계량스푼이 없을 경우 큰술은 15ml, 작은술은 5ml로 합니다. 요리에 자주 사용되는 계량의 cc는 계량방식의 부피이고 ml는 용적의 측량방식으로 미세하게 차이가 있지만 보통 요리에서는 '1cc=1ml'로 통용하고 있습니다. 다만 1cc 또는 1ml를 1g으로 혼동하지 않도록 주의합니다. 액체류, 파우더류, 기름 등 재료의 질감에 따라 무게가 다르기 때문에 스프레드를 대량으로 만들 때에는 꼭 저울을 이용해서 정확하게 계량해야 합니다.

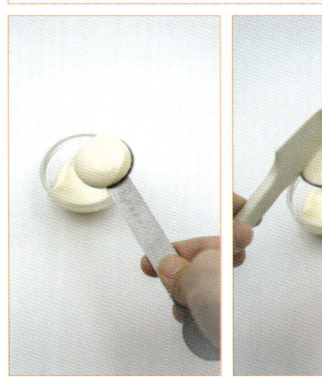 

PART 1

언제 먹어도 맛있는
기본 샌드위치

Potato Salad Sandwich

감자 샐러드 샌드위치

INGREDIENTS

모닝빵 — 3개

감자 샐러드
감자 — 1개
다진 오이 — 1큰술
다진 당근 — 1큰술
다진 햄 — 2큰술
플레인 요거트 — 1큰술
설탕 — 1작은술
버터 — 1작은술
마요네즈 — 2큰술
넛맥 — 1꼬집
소금 — 약간
후추 — 약간

소스
베이스 스프레드 — 3큰술(스프레드 1)

HOW TO MAKE

1. 감자는 삶아서 뜨거울 때 으깬 뒤 넛맥, 버터, 마요네즈를 넣고 섞는다.

2. 오이와 당근은 다지고 소금을 약간 뿌려 10분 정도 절여 두었다가 찬물에 헹구어 물기를 꼭 짜서 준비한다.

3. 볼에 감자 샐러드 재료를 모두 섞어 감자 샐러드를 만든다.

4. 모닝빵은 가로로 2등분하여 한쪽 면에 베이스 스프레드를 바르고 감자 샐러드를 적당량 올리고 빵을 덮어 샌드위치를 완성한다.

TIP
- 삶은 감자는 물기를 잘 빼줘야 샐러드가 질게 되지 않는다.
- 감자 샐러드에 넛맥을 넣으면 감자의 아린맛을 잡아준다.

Topping

Potato Korokke Sandwich

감자 고로케 샌드위치

INGREDIENTS

잉글리시 머핀 — 1개
루콜라 — 적당량
양파 슬라이스 — 적당량
다진 오이피클 — 1작은술

감자 고로케
감자 — 1개
다진 양파 — 2큰술
다진 당근 — 1큰술
다진 셀러리 — 1큰술
넛맥 — 1꼬집
소금 — 약간
후추 — 약간
달걀 — 1개
박력분 — 2큰술
습식 빵가루 — 2큰술
오일 — 적당량

소스
케첩 마요 스프레드 — 2큰술(스프레드 22)
허니 머스터드 — 1큰술
베이스 스프레드 — 2큰술(스프레드 1)

HOW TO MAKE

1. 루콜라는 씻어서 물기를 제거하고, 삶은 감자는 뜨거울 때 넛맥을 1꼬집 넣고 곱게 으깬다.

2. 다진 양파, 다진 당근, 셀러리는 기름 두른 팬에 살짝 볶아준다.

3. 볼에 으깬 감자와 2를 넣고 빵의 크기에 맞춰 동그랗게 만든 후 박력분, 달걀물, 빵가루 순으로 묻혀 170℃ 기름에 튀겨서 감자 고로케를 만든다.

4. 잉글리시 머핀은 가로로 2등분하여 한쪽 면에 베이스 스프레드를 바르고 루콜라, 감자 고로케, 다진 오이피클, 허니 머스터드, 양파 슬라이스 순으로 올린다.

5. 나머지 한쪽 면에 케첩 마요 스프레드를 발라 4에 덮어 샌드위치를 완성한다.

TIP
양파 슬라이스는 채칼로 가늘게 채 썰고, 찬물에 10분 정도 담가 매운맛을 빼준다.

Topping

Sweet Potato Salad Sandwich

고구마 샐러드 샌드위치

INGREDIENTS

우유 식빵 — 2장

고구마 샐러드
고구마 — 1개
생크림 — 2큰술
연유 — 2큰술
플레인 요거트 — 2큰술
건포도 — 1큰술
소금 — 약간
후추 — 약간

소스
베이스 스프레드 — 3큰술(스프레드 1)

HOW TO MAKE

1 삶은 고구마는 뜨거울 때 으깨어 고구마 샐러드 재료를 넣고 섞어준다.

2 식빵의 양면에 베이스 스프레드를 바르고 고구마 샐러드를 올리고 빵을 덮어 샌드위치를 완성한다.

3 식빵 테두리를 자르고 한입 크기로 자른다.

TIP
고구마는 구우면 당도가 더 높아지기 때문에 군고구마를 이용해도 좋다.

Topping

Green Vegetable Sandwich

그린 채소 샌드위치

INGREDIENTS

모닝빵 — 2개
양상추 — 1장
달걀 — 1개
양배추 채 — 적당량
양파 채 — 적당량
어린잎 채소 — 적당량

소스
베이스 스프레드 — 2큰술(스프레드 1)
들깨 스프레드 — 2큰술(스프레드 30)

HOW TO MAKE

1 양상추는 차가운 물에 담가 아삭하게 만든 후 물기를 제거하고 손으로 뜯어서 준비한다.

2 양배추와 양파는 가늘게 채 썰고 어린잎 채소는 깨끗이 씻어 물기를 제거한다.

3 달걀은 완숙으로 삶아서 슬라이스한다.

4 모닝빵을 가로로 2등분하여 안쪽에 베이스 스프레드를 바르고 양상추, 삶은 달걀 슬라이스, 양배추 채와 양파 채, 어린잎 채소 순으로 올리고 들깨 스프레드를 곁들여 샌드위치를 완성한다.

Topping

Spicy Crab Sandwich

매콤 크랩 샌드위치

INGREDIENTS

페이스트리 식빵 — 1개
양상추 — 1장
슬라이스 치즈 — 1장
크랩 — 2개
오이 — 1/3개

소스
베이스 스프레드 — 3큰술(스프레드 1)
칠리 마요 스프레드 — 2큰술(스프레드 23)

HOW TO MAKE

1 양상추는 찬물에 담가 아삭하게 만든 후 물기를 제거하고 한입 크기로 잘라서 준비한다.

2 오이는 씨를 빼내고 돌려 깎은 후 채 썬다.

3 크랩은 잘게 찢어 칠리 마요 스프레드를 넣고 무친다.

4 페이스트리 식빵을 가로로 2등분하여 양면에 베이스 스프레드를 바르고 양상추, 3, 오이 채, 치즈 순으로 올리고 빵을 덮어 샌드위치를 완성한다.

Topping

 ▸  ▸

Caeser Salad Sandwich

시저 샐러드 샌드위치

INGREDIENTS

호밀빵 — 2장
로메인 — 3장
달걀 — 1개
토마토 슬라이스 — 2조각
슬라이스 치즈 — 1장
어린잎 — 적당량
파르메산 치즈 — 적당량
올리브 오일 — 적당량

소스
시저 스프레드 — 3큰술(스프레드 31)

HOW TO MAKE

1. 로메인은 차가운 물에 담가 아삭하게 만든 후 물기를 제거하고 한입 크기로 잘라서 준비한다.

2. 어린잎 채소는 깨끗이 씻어 물기를 제거하고, 토마토는 슬라이스한다.

3. 달걀은 반숙으로 프라이한다.

4. 볼에 한입 크기로 자른 로메인을 담고 올리브 오일로 살짝 버무려준다.

5. 호밀빵의 양면에 시저 스프레드를 바르고 로메인, 토마토, 달걀 프라이, 치즈, 어린잎 채소 순으로 올리고 파르메산 치즈를 뿌린 후 빵을 올려 샌드위치를 완성한다.

Topping

Sweet Pumpkin Sandwich
with Seeds

단호박 씨앗 샌드위치

INGREDIENTS

호밀 식빵 — 2장

단호박 샐러드
단호박 — 1/4개
호박씨 — 1큰술
다진 호두 — 1큰술
아몬드 슬라이스 — 1큰술
건포도 — 1큰술
꿀 — 1작은술
플레인 요거트 — 1작은술
소금 — 약간
후추 — 약간

소스
베이스 스프레드 — 3큰술(스프레드 1)

HOW TO MAKE

1. 단호박은 먹기 좋은 크기로 잘라 찜기에서 익혀 으깬다.

2. 으깬 단호박에 단호박 샐러드 재료를 넣고 섞어서 단호박 샐러드를 만든다.

3. 빵의 양면에 베이스 스프레드를 바르고 단호박 샐러드를 두툼하고 평평하게 올린 다음 빵을 덮어 샌드위치를 완성한다.

TIP
견과류는 팬에 살짝 볶아서 사용하면 더욱 고소해진다.

Topping

Egg Scramble Sandwich

에그 스크램블 샌드위치

INGREDIENTS

브리오슈 번 — 1개
햄 — 1장
슬라이스 치즈 — 1장
파슬리가루 — 적당량

에그 스크램블
달걀 — 2개
생크림 — 1큰술
맛술 — 1/2큰술
소금 — 약간
후추 — 약간
버터 — 적당량

소스
연유 스리라차 스프레드 — 2큰술(스프레드 24)
허니 화이트 스프레드 — 2큰술(스프레드 25)

HOW TO MAKE

1. 볼에 에그 스크램블 재료를 넣고 섞어서 버터를 두른 팬에 부어 스크램블을 만든다.

2. 브리오슈 번을 가로로 2등분한다.

3. 브리오슈 번 한쪽 면에 연유 스리라차 스프레드를 바르고 햄, 에그 스크램블, 치즈 순으로 올린다.

4. 나머지 한쪽 면에 허니 화이트 스프레드를 발라 3에 덮어 샌드위치를 완성한다.

TIP
스크램블은 버터를 넉넉히 두르고 약불에서 익히면 부드럽게 만들 수 있다.

Topping

Egg Frittata Sandwich

에그 프리타타 샌드위치

INGREDIENTS

모닝빵 — 4개

에그 프리타타
달걀 — 6개
생크림 — 1/2컵
파르메산 치즈 — 1큰술
빵가루 — 2큰술
시금치 — 100g
방울토마토 — 6개
양파 — 1/2개
베이컨 — 2줄
소금 — 약간
후추 — 약간
오일 — 적당량

소스
케첩 — 2큰술
허니 머스터드 — 2큰술

TIP
프리타타(frittata)는 달걀 푼 것에 채소, 육류, 치즈, 파스타 등의 재료를 넣어서 만드는 이탈리아식 오믈렛이다.

HOW TO MAKE

1. 볼에 달걀, 생크림, 파르메산 치즈, 소금 1꼬집을 넣고 섞어준다.

2. 시금치는 깨끗이 씻어 한입 크기로 자르고, 방울토마토는 반으로 자른다.

3. 양파는 굵게 채 썰고, 베이컨은 한입 크기로 자른다.

4. 팬에 기름을 두르고 양파와 베이컨을 볶다가 방울토마토와 시금치를 넣고 볶아준다.

5. 달걀물에 빵가루와 4를 넣고 골고루 섞어서 머핀틀에 80% 정도 채워지게 붓고 180℃로 예열한 오븐에서 20분 정도 구워준다.

6. 모닝빵을 가로로 2등분하여 빵의 한쪽 면에 케첩을 바르고 구운 에그 프리타타를 올린다.

7. 나머지 한쪽 면에 허니 머스터드를 발라 6에 덮어서 샌드위치를 완성한다.

Topping

Cucumber Sandwich

오이 샌드위치

INGREDIENTS

로만밀 식빵 — 2장
오이 — 1/2개
소금 — 약간
후추 — 약간
레드페퍼홀 — 약간
레몬즙 — 적당량

소스
스위트 크림치즈 스프레드 — 3큰술
(스프레드 26)

HOW TO MAKE

1 오이는 필러로 얇게 슬라이스한다.

2 빵의 양면에 스위트 크림치즈 스프레드를 바르고 슬라이스 오이를 올린 후 소금, 후추, 레드페퍼홀, 레몬즙을 뿌리고 빵을 덮어 샌드위치를 완성한다.

Topping

English Muffin Sandwich

잉글리시 머핀 샌드위치

INGREDIENTS

잉글리시 머핀 — 1개
베이컨 — 1줄
달걀 — 1개
슬라이스 치즈 — 1장
오일 — 적당량

소스
렐리시 마요 스프레드 — 3큰술(스프레드 27)

HOW TO MAKE

1 달걀은 프라이하고, 베이컨은 팬에 구워 기름기를 제거한다.

2 잉글리시 머핀은 가로로 2등분하여 빵의 양면에 렐리시 마요 스프레드를 바르고 치즈, 달걀 프라이, 베이컨 순으로 올리고 빵을 덮어 샌드위치를 완성한다.

TIP
달걀 프라이는 약불에서 노른자를 80% 정도까지 익혀주면 노른자 색이 가장 예쁘다.

Topping

옛날 샐러드 샌드위치

Old-style Salad Sandwich

INGREDIENTS

핫도그 번 — 1개

옛날 샐러드
감자 — 1개
삶은 달걀 — 1개
다진 당근 — 1큰술
다진 양배추 — 2큰술
오이 — 1/4개
마요네즈 — 2큰술
허니 머스터드 — 1작은술
설탕 — 1작은술
소금 — 약간
후추 — 약간

소스
베이스 스프레드 — 3큰술
(스프레드 1)

HOW TO MAKE

1 달걀은 완숙으로 삶아 다지고, 감자는 삶아서 으깬다.

2 반달 모양으로 얇게 슬라이스한 오이는 소금에 살짝 절여 물기를 제거한다.

3 볼에 준비된 옛날 샐러드 재료를 모두 넣고 섞는다.

4 핫도그 번 안쪽에 베이스 스프레드를 바르고 옛날 샐러드를 넣어 샌드위치를 완성한다.

TIP
케첩이나 허니 머스터드를 곁들여도 좋다.

Tuna Sandwich

참치 샌드위치

INGREDIENTS

크루아상 — 2개
치커리 — 2장
슬라이스 치즈 — 1장

참치 스프레드
참치캔 — 1캔
마요네즈 — 2큰술
다진 양파 — 1큰술
다진 피클 — 1큰술
와사비 — 1작은술

설탕 — 1작은술
콘옥수수 — 1큰술

소스
베이스 스프레드 — 3큰술
(스프레드 1)

HOW TO MAKE

1. 치커리는 깨끗이 씻어 물기를 제거한다.

2. 참치 통조림을 체에 올리고 뜨거운 물을 핸드 드립하듯 부어 기름기와 물기를 제거한 후 설탕 1작은술을 넣고 살살 버무린다.

3. 볼에 참치 스프레드 재료를 넣고 섞는다.

4. 크루아상은 가로로 칼집을 깊게 넣고 180℃로 예열한 오븐에서 3분 정도 구워준다.

5. 빵의 안쪽에 베이스 스프레드를 바르고 치커리, 참치 스프레드, 치즈 순으로 올려 샌드위치를 완성한다.

Coleslaw Sandwich

코울슬로 샌드위치

INGREDIENTS

햄버거 번 — 1개
로메인 — 3장
양상추 — 1장
치킨 텐더(시판용) — 3개
슬라이스 치즈 — 1장

코울슬로 샐러드
적채 — 30g
양파 — 10g
콘옥수수 — 3큰술
당근 채 — 약간
다진 파프리카 — 1큰술
채소 절임 양념
(식초 1큰술, 설탕 1/2큰술, 소금 1작은술)
마요네즈 소스(마요네즈 1큰술, 설탕 1작은술,
레몬즙 1작은술, 소금 1꼬집)

소스
베이스 스프레드 — 3큰술(스프레드 1)
스위트 마요 스프레드 — 적당량
(스프레드 28)

HOW TO MAKE

1 로메인과 양상추는 깨끗이 씻어 물기를 제거한다.

2 적채와 양파는 채 썰고, 채소 절임 양념에 10분 정도 절여 물기를 빼서 준비한다.

3 치킨텐더는 170℃로 예열한 기름에 바삭하게 튀겨서 준비한다.

4 2에 콘옥수수, 당근 채, 파프리카를 넣고 마요네즈 소스를 버무려서 준비한다.

5 햄버거 번은 가로로 2등분하여 양면에 베이스 스프레드를 바르고 로메인, 양상추, 치킨텐더, 스위트 마요 스프레드, 코울슬로 샐러드, 치즈 순으로 올리고 빵을 덮어 샌드위치를 완성한다.

TIP
소금에 절인 적채와 양파는 물기를 꼭 짜서 사용한다.

Topping

Corn Salad Sandwich

콘 샐러드 샌드위치

INGREDIENTS

모닝빵 — 2개
버터 — 1큰술

콘 샐러드
사과 — 1/4개
콘옥수수 — 1/2캔
오이 — 1/4개
셀러리 — 약간
다진 양파 — 1큰술
마요네즈 — 3큰술
설탕 — 1큰술
레몬즙 — 1큰술
소금 — 1꼬집

HOW TO MAKE

1. 콘옥수수는 체에 밭쳐 물기를 빼고, 사과, 오이, 셀러리, 양파는 옥수수 크기 정도로 깍둑썰기를 한다.

2. 볼에 콘 샐러드 재료를 넣고 섞는다.

3. 모닝빵을 가로로 2등분하여 버터를 두른 팬에 살짝 구워서 준비한다.

4. 빵에 콘 샐러드를 올리고 빵을 덮어 샌드위치를 완성한다.

TIP
콘옥수수는 물기를 제거하고 사용해야 샐러드 소스가 겉돌지 않는다.

Topping

Whipping Cream Fruits
Sandwich

생크림 프루츠 샌드위치

INGREDIENTS

크루아상 — 1개
계절과일 — 3~4종
(키위, 오렌지, 산딸기, 바나나 등)
허브류 — 약간
슈가 파우더 — 약간
생크림 — 500g
설탕 — 2큰술

HOW TO MAKE

1. 크루아상은 가로로 칼집을 넣고 오븐에서 3분 정도 구워 준다.

2. 생크림에 설탕을 넣어가면서 휘퍼로 크림을 단단하게 내 준다.

3. 짤주머니로 생크림을 크루아상에 넉넉하게 넣고, 계절과일을 토핑으로 올린다.

4. 민트 등으로 장식하고 슈가 파우더를 뿌려 샌드위치를 완성한다.

Topping

Potato Bacon Chip Sandwich

포테이토 베이컨 칩 샌드위치

INGREDIENTS

잡곡 식빵 — 2장
할라피뇨 슬라이스 — 2~3조각

포테이토 베이컨 칩 샐러드
감자 — 1개
구운 베이컨 — 1장
플레인 요거트 — 1큰술
설탕 — 1작은술
넛맥 — 1꼬집
소금 — 약간
후추 — 약간

소스
프렌치 스프레드 — 2큰술
(스프레드 29)

HOW TO MAKE

1. 감자는 껍질을 벗겨 삶은 후 뜨거울 때 곱게 으깨고 넛맥 1꼬집을 넣어 버무린다.

2. 베이컨은 팬에 바싹 구워 기름기를 빼주고 잘게 다져준다.

3. 볼에 포테이토 베이컨 칩 샐러드를 재료를 넣고 섞는다.

4. 빵의 양면에 프렌치 스프레드를 바르고 포테이토 베이컨 칩 샐러드, 할라피뇨 슬라이스 순으로 올리고 빵을 덮어 샌드위치를 완성한다.

TIP
베이컨은 두툼한 제품을 사용하며 중약불에서 천천히 굽고 기름기를 반드시 제거한다.

Topping

Potato Egg Sandwich

포테이토 에그 샌드위치

INGREDIENTS

식빵 — 2장
로메인 — 3장
슬라이스 치즈 — 1장

포테이토 에그 샐러드
감자 샐러드(시판용) — 50g
삶은 달걀 — 1개
홀그레인 머스터드 — 1/2작은술
다진 오이피클 — 1/2개
다진 햄 — 2큰술

소스
베이스 스프레드 — 3큰술(스프레드 1)

HOW TO MAKE

1 로메인은 깨끗이 씻어서 물기를 제거한다.

2 시판용 감자 샐러드에 삶은 달걀, 피클, 햄, 홀그레인 머스터드를 넣고 포테이토 에그 샐러드를 만든다.

3 빵의 양면에 베이스 스프레드를 바르고 로메인, 포테이토 에그 샐러드, 치즈 순으로 올리고 빵을 덮어 샌드위치를 완성한다.

Topping

PART 2

건강을 생각한
웰빙 샌드위치

BLT Sandwich

BLT 샌드위치

INGREDIENTS

식빵 — 2장
로메인 — 3장
양상추 — 1장
토마토 슬라이스 — 1조각
베이컨 — 3줄
슬라이스 햄 — 3장
오이피클 슬라이스 — 3~4조각
슬라이스 치즈 — 1장
오일 — 적당량

소스

베이스 스프레드 — 2큰술(스프레드 1)
BLT 스프레드 — 2큰술(스프레드 4)

HOW TO MAKE

1. 로메인과 양상추는 깨끗이 씻어 물기를 제거하고, 토마토는 슬라이스한다.

2. 팬에 구운 베이컨은 키친타월로 기름기를 제거한다.

3. 식빵 한쪽 면에 베이스 스프레드를 바르고 로메인, 양상추, 토마토, 베이컨, 오이피클, 햄, 치즈 순으로 올린다.

4. 나머지 한쪽 면에 BLT 스프레드를 발라 3에 덮어 샌드위치를 완성한다.

TIP

BLT는 베이컨(bacon), 양상추(lettuce), 토마토(tomato)의 머리글자를 딴 것이다.

Topping

Crarrot Rappes Avocado Sandwich

당근 라페 아보카도 샌드위치

INGREDIENTS

잡곡빵 — 2장
로메인 — 3장
아보카도 — 1/2개
당근 라페 — 적당량
슬라이스 치즈 — 2장

당근 라페
당근 — 1개
올리브 오일 — 2큰술
레몬즙 — 1큰술
홀그레인 머스터드 — 1큰술
설탕 — 1작은술
꿀 또는 아가베시럽 — 1작은술
오렌지 — 1/2개
소금 — 약간
후추 — 약간

소스
베이스 스프레드 — 3큰술 (스프레드 1)

HOW TO MAKE

1 로메인은 깨끗이 씻어서 물기를 제거하고, 당근은 껍질을 벗겨 채칼 또는 칼로 가늘게 채 썰어 소금을 살짝 뿌려 10분 정도 절인다.

2 볼에 당근 라페 재료, 오렌지 과육, 절인 당근을 넣고 버무린다.

3 아보카도는 반으로 자른 뒤 씨를 제거하고 슬라이스한다.

4 빵의 양면에 베이스 스프레드를 바르고 로메인, 당근 라페, 아보카도, 치즈 순으로 올리고 빵을 덮어 샌드위치를 완성한다.

TIP
라페는 단단한 음식을 강판이나 칼로 다져서 작은 입자로 만드는 것으로 생채소나 치즈, 과일 제스트 등을 이 방법으로 조리할 수 있다.

Topping

Taiwanese Style Sandwich

대만식 샌드위치

INGREDIENTS

식빵 — 4장
슬라이스 햄 — 1장
달걀 — 2개
소금 — 약간
오일 — 적당량

소스
연유 마요 스프레드 — 3큰술(스프레드 19)
크림버터 스프레드 — 3큰술(스프레드 20)

HOW TO MAKE

1 달걀은 풀어서 알끈을 제거하고 얇게 지단을 부친다.

2 식빵 4장에 크림버터 스프레드를 바르고 사이사이에 달걀지단을 넣어 샌드위치를 2개를 만든다.

3 2의 윗면에 모두 연유 마요 스프레드를 바르고 슬라이스 햄을 넣어 4겹으로 쌓아준다.

4 샌드위치의 테두리를 자른 뒤 삼각형 모양으로 잘라준다.

TIP
크림버터 스프레드는 상온에서 녹인 버터에 슈가 파우더를 넣고 잘 풀어준 뒤 연유와 소금을 넣고 부드러워질 때까지 섞어 만든다.

Deriyaki Chicken Sandwich

데리야키 치킨 샌드위치

INGREDIENTS

식빵 — 2장
로메인 — 3장
토마토 슬라이스 — 1조각
양파 슬라이스 — 적당량
슬라이스 치즈 — 1장
삶은 달걀 — 1개

데리야키 치킨
닭다리살 — 150g
데리야키 소스 — 2큰술
청주 — 1큰술
고추기름 — 적당량
밑간양념(진간장 1작은술, 미림 1작은술, 청주 1작은술, 치킨스톡 1꼬집)

소스
베이스 스프레드 — 3큰술(스프레드 1)
바비큐 소스 — 1큰술

TIP
- 달걀은 냉장고에서 꺼내 바로 삶으면 급격한 온도 변화로 터지기 쉽다.
- 삶은 달걀을 찬물에 담그면 껍질을 쉽게 벗길 수 있다.

HOW TO MAKE

1 로메인은 깨끗이 씻어서 물기를 제거하고, 토마토는 슬라이스한다.

2 양파는 얇게 채 썰어서 찬물에 10분 정도 담가 매운맛을 제거한다.

3 완숙으로 삶은 달걀을 슬라이스한다.

4 닭다리살은 껍질과 기름을 제거하고 먹기 좋은 크기로 자른 뒤 분량의 밑간양념에 하루 전날 재운다.

5 팬에 고추기름을 두르고 4를 굽다가 청주를 넣고 중약불에서 90% 이상 익혀주고 데리야키 소스를 넣어 조린다.

6 식빵 양면에 베이스 스프레드를 바르고 로메인, 토마토, 데리야키 치킨, 양파 슬라이스, 바비큐 소스, 달걀 슬라이스, 치즈 순으로 올리고 빵을 덮어 샌드위치를 완성한다.

Topping

Japanese Style
Pork Cutlet Sandwich

일본식 돈가스 샌드위치

INGREDIENTS

식빵 — 2장

돈가스
돼지고기 등심(2cm) — 1장
달걀 — 1개
박력분 — 3큰술
습식 빵가루 — 1컵
오레가노 — 1작은술
소금 — 약간
후추 — 약간
튀김기름 — 적당량

소스
베이스 스프레드 — 2큰술(스프레드 1)
매콤 돈가스 스프레드 — 2큰술
(스프레드 5)

HOW TO MAKE

1 돼지고기 등심은 소금과 후추를 뿌려 10분 정도 재워둔다.

2 습식 빵가루에 오레가노 1작은술을 넣고 섞는다.

3 밑간한 등심에 박력분, 달걀물, 2 순으로 묻혀 170℃로 예열한 기름에 바삭하게 튀긴다.

4 식빵 한쪽 면에 베이스 스프레드를 바르고 돈가스를 올린다.

5 나머지 한쪽 면에 매콤 돈가스 스프레드를 발라 4에 덮어 샌드위치를 완성한다.

TIP
시판용 두툼한 돈가스를 사용하면 간편하게 돈가스 샌드위치를 만들 수 있다.

Topping

Rainbow Sandwich

레인보 샌드위치

INGREDIENTS

잡곡 식빵 — 2장
로메인 — 3장
토마토 슬라이스 — 1조각
당근 — 1/4개
적채 — 40g
햄 — 3장
슬라이스 치즈 — 1장
소금 — 약간
설탕 — 약간
오일 — 적당량

소스
베이스 스프레드 — 2큰술(스프레드 1)
홀그레인 허니 머스터드 스프레드 — 2큰술 (스프레드 6)

HOW TO MAKE

1 로메인은 깨끗이 씻어서 물기를 제거하고, 토마토는 슬라이스한다.

2 적채는 가늘게 채 썰어 찬물에 10분 정도 담갔다가 물기를 완전히 제거하고, 당근은 가늘게 채 썰어 기름을 살짝 두른 팬에 볶아준 후 소금과 설탕을 살짝 뿌려 식힌다.

3 식빵 한쪽 면에 베이스 스프레드를 바르고 로메인, 적채, 토마토, 햄, 당근 채, 치즈 순으로 올린다.

4 나머지 한쪽 면에 홀그레인 허니 머스터드 스프레드를 발라 3에 덮어 샌드위치를 완성한다.

Topping

Fig Chutney Sandwich

무화과 처트니 샌드위치

INGREDIENTS

잡곡 식빵 — 2장
로메인 — 3장
토마토 슬라이스 — 1즈각
사과 슬라이스 — 3~4조각
양파 슬라이스 — 적당량
햄 — 3장
슬라이스 치즈 — 1장

소스
베이스 스프레드 — 2큰술 (스프레드 1)
무화과 처트니 스프레드 — 3큰술
(스프레드 8)

HOW TO MAKE

1. 로메인은 깨끗이 씻어서 물기를 제거하고, 토마토는 슬라이스한다.

2. 사과는 얇게 슬라이스로 준비하고, 양파는 채 썰어 찬물에 담가 매운맛을 제거한다.

3. 식빵 한쪽 면에 베이스 스프레드를 바르고 로메인, 토마토, 햄, 양파 슬라이스, 사과 슬라이스, 치즈 순으로 올린다.

4. 나머지 한쪽 면에 무화과 처트니를 발라 3에 덮어 샌드위치를 완성한다.

TIP
무화과 처트니는 처음에 센불에서 끓이다가 끓기 시작하면 중불로 줄이고 무화과가 말랑해질 때까지 1시간 30분 정도 끓인 후 믹서에 조금씩 나누어 넣으면서 갈아준다.

Topping

Well-done Bullgogi Sandwich

바싹 불고기 샌드위치

INGREDIENTS

햄버거 번 — 1개
로메인 — 3장
양상추 — 1장
토마토 슬라이스 — 1조각
적양파 슬라이스 — 적당량
오이피클 슬라이스 — 3조각
바싹 불고기 패티 — 1장
슬라이스 치즈 — 1장
오일 — 적당량

바싹 불고기 패티
소고기 — 120g
진간장 — 1큰술
흑설탕 — 1/2큰술
다진 마늘 — 약간
다진 대파 — 약간
다진 청양고추 — 약간
후추 — 약간

소스
베이스 스프레드 — 3큰술 (스프레드 1)
불고기 마요 스프레드 — 2큰술
(스프레드 9)

HOW TO MAKE

1. 로메인과 양상추는 깨끗이 씻어 물기를 제거한다.

2. 토마토는 슬라이스하고, 적양파는 채 썰어 찬물에 담가 매운맛을 제거한다.

3. 불고기용 소고기를 양념에 30분 정도 재웠다가 손으로 치대서 패티 모양으로 만들어 오일을 두른 팬에 굽는다.

4. 햄버거 번 양면에 베이스 스프레드를 바르고 로메인, 양상추, 토마토, 바싹 불고기 패티, 오이피클, 적양파 슬라이스, 불고기 마요 스프레드, 치즈 순으로 올리고 빵을 덮어 샌드위치를 완성한다.

TIP
- 양념한 소고기를 손으로 치대어 공기를 빼주면서 패티 모양을 만들어 하루 정도 숙성한다.
- 불고기 패티는 미리 만들어 냉동해서 사용하면 편리하다.

Topping

Basil Pesto Chicken Breast
Grilled Sandwich

바질 페스토 닭가슴살 샌드위치

INGREDIENTS

잡곡 식빵 — 2장
로메인 — 3장
토마토 슬라이스 — 1조각
할라피뇨 — 적당량
슬라이스 치즈 — 1장

바질 페스토 닭가슴살
닭가슴살 — 1조각
청주 — 2큰술
통후추 — 약간
월계수잎 — 2장
셀러리 — 약간
요거트 — 2큰술
바질 페스토 스프레드 — 2큰술
소금 — 약간
후추 — 약간

소스
베이스 스프레드 — 3큰술(스프레드 1)
바질 페스토 스프레드 — 2큰술
(스프레드 3)

HOW TO MAKE

1. 로메인은 깨끗이 씻어 물기를 제거하고, 토마토는 슬라이스한다.

2. 닭가슴살이 잠길 정도의 물에 월계수잎, 셀러리, 청주, 통후추를 넣고 끓기 시작하면 닭가슴살을 넣고 15분 정도 삶는다.

3. 삶은 닭가슴살은 먹기 좋은 크기로 찢어 볼에 넣고 바질 페스토 스프레드와 요거트를 넣어 버무린 후 소금과 후추로 간한다.

4. 식빵 양면에 베이스 스프레드를 바르고 로메인, 토마토, 바질 페스토 닭가슴살, 할라피뇨, 치즈 순으로 올리고 빵을 덮어 샌드위치를 완성한다.

Topping

Grilled Vegetable Sandwich

구운 채소 샌드위치

INGREDIENTS

치아바타 — 1개
로메인 — 3장
애호박 슬라이스 — 4조각
가지 슬라이스 — 4조각
새송이버섯 슬라이스 — 4조각
토마토 슬라이스 — 2조각
프레시 모차렐라 치즈 — 3장

소스
베이스 스프레드 — 2큰술 (스프레드 1)
바질 페스토 스프레드 — 2큰술
(스프레드 3)
발사믹 크림 스프레드 — 적당량
(스프레드 43)

HOW TO MAKE

1. 로메인은 깨끗이 씻어 물기를 제거하고, 토마토는 슬라이스한다.

2. 애호박, 가지 버섯은 0.7cm 두께로 썰어 그릴팬에 굽는다.

3. 치아바타는 길게 반으로 자른다.

4. 치아바타 한쪽 면에 베이스 스프레드를 바르고 로메인, 토마토, 구운 채소(애호박, 가지, 새송이버섯), 발사믹 크림 스프레드, 프레시 모차렐라 치즈 순으로 올린다.

5. 나머지 한쪽 면에 바질 페스토 스프레드를 발라 4에 덮어 샌드위치를 완성한다.

Topping

Bullgogi Sandwich

불고기 샌드위치

INGREDIENTS

치아바타 — 1개
로메인 — 3장
토마토 슬라이스 — 2조각
양파 슬라이스 — 적당량
슬라이스 치즈 — 2장

소불고기
소고기 — 120g
간장 — 1큰술
설탕 — 1/2큰술
다진 마늘 — 약간
다진 파 — 약간
참기름 — 적당량
오일 — 적당량

소스
베이스 스프레드 — 3큰술(스프레드 1)
캘리포니아 스프레드 — 2큰술
(스프레드 11)

HOW TO MAKE

1. 로메인은 깨끗이 씻어 물기를 제거하고, 토마토는 슬라이스한다.

2. 양파는 얇게 슬라이스해서 찬물에 담가 매운맛을 제거한다.

3. 불고기용 소고기를 키친타월로 핏물을 빼고 불고기 양념에 재웠다가 기름을 두른 팬에서 수분이 없어질 때까지 볶는다.

4. 치아바타는 길게 반으로 잘라 양면에 베이스 스프레드를 바르고 로메인, 토마토, 불고기, 캘리포니아 스프레드, 양파 슬라이스, 치즈 순으로 올리고 빵을 덮어 샌드위치를 완성한다.

TIP
캘리포니아 스프레드는 하루 전에 만들어 숙성하면 더욱 맛있다.

Topping

Fried Shrimp Sandwich

새우튀김 샌드위치

INGREDIENTS

식빵 — 2장
로메인 — 3장
튀김용 새우(시판용) — 3마리
양배추 — 적당량
슬라이스 치즈 — 1장
달걀 — 2개
소금 — 약간
튀김기름 — 적당량

소스
돈가스 마요 스프레드 — 2큰술
(스프레드 12)
타르타르 스프레드 — 2큰술
(스프레드 13)

HOW TO MAKE

1 로메인은 깨끗이 씻어서 물기를 제거하고, 양배추를 가늘게 채 썰어 찬물에 담가 아삭하게 한 후 물기를 뺀다.

2 달걀은 풀어서 알끈을 제거하고 소금으로 간해서 도톰하게 달걀지단을 부친다.

3 튀김용 새우는 160~170℃에서 바삭하게 튀겨준다.

4 식빵 양면에 돈가스 마요 스프레드를 바르고 로메인, 양배추 채, 타르타르 스프레드, 새우튀김, 달걀지단, 치즈 순으로 올리고 빵을 덮어 샌드위치를 완성한다.

Topping

Egg Sandwich

에그 샌드위치

INGREDIENTS

식빵 — 2장
로메인 — 3장
양상추 — 1장
토마토 슬라이스 — 1조각
사과 슬라이스 — 3~4조각
햄 — 1장
슬라이스 치즈 — 1장

에그 스프레드
달걀 — 2개
허니 머스터드 — 1큰술
마요네즈 — 1작은술
소금 — 약간
후추 — 약간

소스
베이스 스프레드 — 2큰술(스프레드 1)
카야잼 — 2큰술

TIP
달걀은 크기나 삶아 놓은 시간에 따라 수분 양이 다르기 때문에 에그 스프레드는 미리 만들어서 달걀의 수분 양에 따라 가감하면서 농도를 맞춰준다.

HOW TO MAKE

1 로메인은 깨끗이 씻어서 물기를 제거하고, 토마토는 슬라이스한다.

2 사과는 얇게 슬라이스한다.

3 달걀은 완숙으로 삶아 으깬 후 에그 스프레드 재료와 섞어 동그란 모양으로 만든다.

4 식빵 한쪽 면에 베이스 스프레드를 바르고 햄, 로메인, 양상추, 토마토, 에그 스프레드, 사과 슬라이스, 치즈 순으로 올린다.

5 나머지 한쪽 면에 카야잼을 발라 4에 덮어 샌드위치를 완성한다.

Topping

Popular Song Sandwich

인기가요 샌드위치

INGREDIENTS

식빵 — 4장

감자 샐러드
감자 — 1개
달걀 — 1개
다진 햄 — 3큰술
콘옥수수 — 1큰술
마요네즈 — 1큰술
허니 머스터드 — 1작은술
설탕 — 1작은술
소금 — 약간
후추 — 약간

양배추 샐러드
양배추 채 — 적당량
사과 채 — 적당량
당근 채 — 적당량
다진 오이피클 — 1큰술
마요네즈 — 1큰술
케첩 — 1작은술

소스
딸기잼 — 2큰술

HOW TO MAKE

1. 감자는 삶아서 뜨거울 때 으깨고, 달걀은 삶아서 다진다.

2. 볼에 감자 샐러드 재료를 넣고 섞어주고 냉장고에 넣어 차갑게 한다.

3. 양배추, 당근, 사과는 채 썰고, 양배추 샐러드 재료를 넣고 버무려준다.

4. 식빵, 감자 샐러드, 식빵 순으로 올린다.

5. 딸기잼을 바른 식빵으로 4를 덮고 그 위에 양배추 샐러드, 식빵 순으로 올려 4겹의 샌드위치를 완성한다.

5. 샌드위치의 테두리를 자른 뒤 삼각형 모양으로 잘라준다.

TIP
샌드위치와 샌드위치 사이에 딸기잼을 넉넉히 발라주면 더욱 맛있다.

Topping

Curry Shrimp Sandwich

카레 새우 샌드위치

INGREDIENTS

브리오슈 번 — 1개
로메인 — 3장
토마토 슬라이스 — 1조각
달걀 — 1개
슬라이스 치즈 — 1장
오일 — 적당량

카레 새우
새우 — 5마리
플레인 요거트 — 2큰술
칠리 파우더 — 1/2작은술
카레가루 — 1작은술
갈릭 파우더 — 1/2작은술
후추 — 약간

소스
베이스 스프레드 — 3큰술(스프레드 1)

HOW TO MAKE

1. 로메인은 깨끗이 씻어 물기를 제거하고, 토마토는 슬라이스한다.

2. 달걀은 약불에서 반숙으로 프라이한다.

3. 새우는 흐르는 물에 헹구어 물기를 제거하고, 카레 새우 양념에 10분 정도 재운 후 오일을 두른 팬에서 약불로 익힌다.

4. 브리오슈 번은 가로로 2등분하여 양면에 베이스 스프레드를 바르고 로메인, 토마토, 카레 새우, 반숙 프라이, 치즈 순으로 올리고 빵을 덮어 샌드위치를 완성한다.

TIP
카레가루는 뜨거운 물에 풀어서 넣으면 좀 더 풍부한 맛을 느낄 수 있다.

Topping

Cajun Chicken Sandwich

케이준 치킨 샌드위치

INGREDIENTS

식빵 — 2장
로메인 — 3장
양상추 — 1장
토마토 슬라이스 — 1조각
적채 — 적당량
오이피클 슬라이스 — 3~4조각
슬라이스 치즈 — 1장

케이준 치킨
닭가슴살 — 1조각
케이준 스파이스 — 1작은술
핫소스 — 1작은술
튀김가루 — 6큰술
달걀물 — 약간
콘플레이크 — 1컵
소금 — 약간
후추
튀김기름 — 적당량

소스
베이스 스프레드 — 3큰술(스프레드 1)
허니 머스터드 마요 스프레드 — 2큰술
(스프레드 14)

HOW TO MAKE

1. 로메인과 양상추는 깨끗이 씻어서 물기를 제거하고, 토마토는 슬라이스한다.

2. 적채는 얇게 채 썰어 준비한다.

3. 닭가슴살은 3~4조각으로 잘라서 소금, 후추로 30분 정도 밑간한다.

4. 콘플레이크는 잘게 부서 준비한다.

5. 밑간해둔 닭가슴살에 케이준 스파이스와 핫소스를 넣고 10분간 재웠다가 튀김가루, 달걀물, 콘플레이크 순으로 묻혀서 170℃로 예열한 기름에 4~5분 정도 튀겨준다.

6. 식빵 양면에 베이스 스프레드를 바르고 로메인, 양상추, 토마토, 케이준 치킨, 허니 머스터드 스프레드, 적채, 오이피클 슬라이스, 치즈 순으로 올리고 빵을 덮어 샌드위치를 완성한다.

Topping

Cranberry Chicken Sandwich

크랜베리 치킨 샌드위치

INGREDIENTS

치아바타 — 1개
로메인 — 3장
토마토 슬라이스 — 2조각
할라피노 — 적당량
슬라이스 햄 — 2장
슬라이스 치즈 — 2장

화이트와인 크랜베리 조림
건크랜베리 — 2/3컵
화이트와인 — 1컵

크랜베리 치킨
닭가슴살 — 1조각
청주 — 2큰술
통후추 — 약간
월계수잎 — 2장
셀러리 — 약간
소금 — 1작은술
요거트 마요 스프레드 — 2큰술
아몬드 슬라이스 — 약간
크랜베리 조림 — 적당량

소스
베이스 스프레드 — 3큰술 (스프레드 1)
요거트 마요 스프레드 — 1큰술
(스프레드 15)

HOW TO MAKE

1 로메인은 깨끗이 씻어 물기를 제거하고, 토마토는 슬라이스한다.

2 닭가슴살이 잠길 정도의 물에 월계수잎, 셀러리, 청주, 통후추, 소금을 넣고 끓기 시작하면 닭가슴살을 넣고 15분 정도 삶는다.

3 크린베리는 화이트와인을 붓고 부드러워질 때까지 조린다.

4 삶은 닭가슴살은 찢어서 요거트 마요스프레드를 넣고 아몬드 슬라이스와 조린 크린베리를 넣고 살살 버무린다.

5 치아바타는 길게 반으로 잘라 한쪽 면에 베이스 스프레드를 바르고 로메인, 토마토, 크랜베리 닭가슴살, 할라피뇨, 햄, 치즈 순으로 올린다.

6 나머지 한쪽 면에 요거트 마요 스프레드를 발라 5에 덮어 샌드위치를 완성한다.

TIP
닭가슴살을 삶을 때 향신 채소인 셀러리를 넣으면 닭고기 특유의 냄새를 잡을 수 있다.

Topping

Cream Chicken Sandwich

크림 치킨 샌드위치

INGREDIENTS

핫도그 번 — 1개
치커리 — 적당량
토마토 슬라이스 — 2조각
양파 — 적당량
파프리카 — 적당량
소금 — 약간
후추 — 약간
오일 — 적당량

크림 치킨
닭가슴살 — 1조각
청주 — 2큰술
통후추 — 약간
월계수잎 — 2장
셀러리 — 약간
소금 — 1작은술
크림 치킨 스프레드 — 3큰술

소스
크림치즈 스프레드 — 3큰술
(스프레드 33)
스위트 칠리 소스 — 1큰술
베이스 스프레드 — 2큰술(스프레드 1)

HOW TO MAKE

1 치커리는 깨끗이 씻어 물기를 제거하고, 토마토는 반달 모양으로 슬라이스한다.

2 닭가슴살이 잠길 정도의 물에 월계수잎, 셀러리, 청주, 통후추, 소금을 넣고 끓기 시작하면 닭가슴살을 넣고 15분 정도 삶는다.

3 양파와 파프리카는 채 썰어 오일을 두른 팬에 소금, 후추를 넣어 따로 볶는다.

4 크림치즈 스프레드를 얇게 슬라이스한 삶은 닭가슴살에 넣고 살살 버무린다.

5 핫도그 번의 안쪽에 베이스 스프레드를 바르고 치커리, 토마토, 4의 닭가슴살, 파프리카, 양파 순으로 올리고 스위트 칠리 소스를 뿌려서 샌드위치를 완성한다.

TIP
닭가슴살을 삶을 때 셀러리 같은 향신 채소를 넣으면 닭고기 특유의 냄새를 잡을 수 있다.

Topping

Club Sandwich

클럽 샌드위치

INGREDIENTS

식빵 — 3장
로메인 — 6장
양상추 — 1장
토마토 슬라이스 — 1조각
오이피클 슬라이스 — 3조각
슬라이스 햄 — 3장
베이컨 — 3줄
달걀 — 1개
슬라이스 치즈 — 1장

소스
베이스 스프레드 — 3큰술(스프레드 1)
밀러 머스터드 — 2큰술

TIP
- 베이컨은 키친타월로 기름기를 잘 제거해 준다.
- 달걀 프라이는 뜨겁게 달군 팬에 한쪽 면을 익히고 뒤집어서 불을 끄고 잔열로 서서히 익힌다.

HOW TO MAKE

1 로메인과 양상추는 깨끗이 씻어 물기를 제거하고, 토마토는 슬라이스한다.

2 달걀은 반숙으로 프라이하고, 베이컨은 180℃로 예열한 오븐에서 앞뒤로 8분씩 구워 기름기를 제거한다.

3 식빵 한쪽 면에 베이스 스프레드를 바르고 로메인, 양상추, 토마토, 베이컨, 오이피클 슬라이스, 베이스 스프레드를 바른 식빵, 로메인, 햄, 달걀 프라이, 치즈 순으로 올린다.

4 나머지 식빵 한쪽 면에 밀러 머스터드를 발라 3에 덮어 샌드위치를 완성한다.

Topping

101

Japanese Style Egg Sandwich

일본식 달걀 샌드위치

INGREDIENTS

우유 식빵 — 2장
이탈리안 파슬리 — 약간

일본식 달걀
달걀 — 6개
우유 — 1컵
쯔유 — 1큰술
녹말물 — 1큰술
맛술 — 3큰술
설탕 — 1큰술
소금 — 약간

소스
명란 마요 스프레드 — 2큰술
(스프레드 17)
와사비 마요 스프레드 — 2큰술
(스프레드 18)

HOW TO MAKE

1. 볼에 일본식 달걀 재료를 넣고 섞은 후 체에 3~4회 내려 140℃로 예열한 오븐에서 중탕으로 60~80분 구워서 식혀준다.

2. 식빵 한쪽 면에 명란 마요 스프레드를 바르고 차갑게 식힌 1을 식빵 크기로 잘라서 빵 사이에 넣는다.

3. 나머지 식빵에 와사비 마요 스프레드를 발라 2에 덮어 샌드위치를 완성한다.

4. 샌드위치 테두리를 자르고 먹기 좋은 크기로 잘라 단면에 이탈리안 파슬리를 뿌린다.

Topping

Ricotta Cheese Honey-egg Sandwich
리코타 치즈 허니 에그 샌드위치

INGREDIENTS

로만밀 식빵 — 1장
식빵 — 1장

크랜베리 달걀 샐러드
삶은 달걀 — 2개
마요네즈 — 1+1/2큰술
꿀 — 1/2큰술
건크랜베리 — 1큰술
소금 — 약간
후추 — 약간

소스
허니 마요 스프레드 — 2큰술
(스프레드 7)
리코타 치즈 — 2큰술

HOW TO MAKE

1 달걀은 완숙으로 삶은 뒤 굵게 다진다.

2 건크랜베리는 잘게 다진다.

3 볼에 크랜베리 달걀 샐러드 재료를 넣고 섞는다.

4 로만밀 식빵의 한쪽 면에 리코타 치즈를 바르고 크랜베리 달걀 샐러드를 올린다.

5 나머지 한쪽 면에 허니 마요 스프레드를 발라 4에 덮어 샌드위치를 완성한다.

6 샌드위치의 테두리를 잘라내고 먹기 좋은 크기로 자른 후 잘게 다진 크랜베리로 장식한다.

Cobb Salad Sandwich

콥 샐러드 샌드위치

INGREDIENTS

핫도그 번 — 1개

콥 샐러드
삶은 감자 — 1/4개
아보카도 — 1/4개
삶은 메추리알 — 3개
삶은 닭가슴살 — 약간
베이컨 — 1줄
콘옥수수 — 1큰술
방울토마토 — 1개

블랙 올리브 슬라이스 — 약간
렌치 스프레드 — 2큰술

소스
렌치 스프레드 — 2큰술
(스프레드 21)

HOW TO MAKE

1. 방울토마토는 속을 제거하고, 삶은 닭가슴살, 삶은 감자, 아보카도는 작은 주사위 모양으로 다져서 준비한다.

2. 콘옥수수는 체에 밭쳐 물기를 제거하고, 블랙 올리브와 메추리알을 슬라이스한다.

3. 베이컨은 팬에 구워서 기름기를 제거하여 적당한 크기로 잘라 놓는다.

4. 콥 샐러드 재료에 렌치 스프레드를 넣고 살살 버무린다.

5. 핫도그 번에 4를 넣어서 샌드위치를 완성한다.

TIP

- 콥 샐러드는 냉장고 속 자투리 채소를 자유롭게 활용해 만들면 좋다.
- 스프레드 재료를 모두 섞어 냉장고에 차갑게 보관하다가 먹기 전에 뿌려준다.
- 닭가슴살은 물에 통후추, 월계수잎, 청주, 소금을 약간 넣고 끓기 시작하면 15분 정도 삶아낸다.

PART 3

한 끼 식사로 손색없는
고단백 버거 샌드위치

Red Pepper Paste Bullgogi Sandwich

고추장 불고기 샌드위치

INGREDIENTS

치아바타 번 — 3개
로메인 — 6장
적양파 슬라이스 — 적당량
이탈리안 파슬리 — 적당량
오일 — 적당량

고추장 불고기

돼지고기 앞다리살 — 300g
고추장 — 1작은술
고춧가루 — 1큰술
진간장 — 1큰술
설탕 — 1작은술
물엿 — 1작은술
다진 마늘 — 1작은술
파인애플 통조림 국물 — 1큰술
미림 — 1큰술
후추 — 약간

소스

베이스 스프레드 — 4큰술(스프레드 1)

HOW TO MAKE

1. 로메인과 이탈리안 파슬리는 깨끗이 씻어 물기를 제거하고, 양파는 슬라이스해서 찬물에 담가 매운맛을 빼준다.

2. 돼지고기는 분량의 양념에 30분 정도 재웠다가 센불에서 볶아준다.

3. 치아바타를 가로로 2등분하여 양면에 베이스 스프레드를 바르고 로메인, 적양파 슬라이스, 고추장불고기, 이탈리안 파슬리 순으로 올리고 빵을 덮어 샌드위치를 완성한다.

Topping

Barbecue Chicken Sandwich

바비큐 치킨 샌드위치

INGREDIENTS

먹물 번 — 1개
로메인 — 3장
토마토 슬라이스 — 1조각
슬라이스 치즈 — 1장
파인애플 통조림 슬라이스 — 1조각

바비큐 치킨
닭가슴살 — 200g
바비큐 소스 — 2큰술
마리네이드(파인애플 통조림 국물 200ml,
홀그레인 머스터드 1큰술)

코울슬로 샐러드
적채 — 50g
양파 — 50g
설탕 — 1큰술
마요네즈 — 1큰술
소금 — 약간
후추 — 약간

소스
밀러 머스터드 — 2큰술
베이스 스프레드 — 2큰술(스프레드 1)

HOW TO MAKE

1. 로메인과 양상추는 깨끗이 씻어서 물기를 제거하고, 토마토는 슬라이스한다.

2. 채 썬 적채와 양파는 소금을 넣고 절였다가 물기를 꼭 짠 후 코울슬로 샐러드 재료를 넣어 섞는다.

3. 닭가슴살은 파인애플 통조림 국물과 홀그레인 머스터드에 하루 전날 재웠다가 그릴에 굽는다.

4. 닭가슴살을 찢고 바비큐 소스와 함께 팬에 넣고 약불에서 소스가 배도록 충분히 볶는다.

5. 먹물 번은 가로로 2등분하여 한쪽 면에 밀러 머스터드를 바르고 로메인, 토마토, 파인애플, 바비큐 치킨, 코울슬로 샐러드, 치즈 순으로 올린다.

6. 나머지 한쪽 면에 베이스 스프레드를 발라 5에 덮어 샌드위치를 완성한다.

Topping

Banh-mi Sandwich

반미 샌드위치

INGREDIENTS

쌀 바게트 — 1개
로메인 — 2장
오이 슬라이스 — 3조각
적양파 슬라이스 — 적당량
고수 — 약간

소불고기
소고기 — 100g
피시소스 — 1작은술
레몬즙 — 1작은술
다진 마늘 — 1작은술
다진 청양고추 — 1/4개
국간장 — 1작은술
조청 — 1작은술

나마스
무 — 200g
당근 — 100g
설탕 — 3큰술
식초 — 6큰술
소금 — 1/2작은술

소스
땅콩 스프레드 — 3큰술(스프레드 42)
스리라차 칠리 스프레드 — 적당량
(스프레드 36)

HOW TO MAKE

1 로메인은 깨끗이 씻어서 물기를 제거한다.

2 무와 당근은 채를 썰어서 준비하고, 나마스 양념에 재워서 준비한다.

3 불고기는 분량의 재료에 30분 정도 재웠다가 센불에서 볶는다.

4 쌀바게트는 길게 칼집을 내고, 빵의 안쪽에 땅콩 스프레드를 바르고, 로메인, 오이 슬라이스, 소불고기, 적양파 슬라이스, 나마스를 넣고 스리라차 칠리 스프레드와 고수잎을 올려 샌드위치를 완성한다.

Topping

돼지고기 반미 샌드위치

Pork Banh-mi Sandwich

INGREDIENTS

쌀 바게트 — 1개
로메인 — 2장
오이 슬라이스 — 3조각
적양파 슬라이스 — 적당량
고수 — 약간

돼지목살구이
목살 — 100g
굴소스 — 1큰술
다진 양파 — 1큰술
다진 마늘 — 1작은술
피쉬소스 — 1/2 작은술
꿀 — 1작은술
후추 — 약간

나마스
무 — 200g
당근 — 100g
설탕 — 3큰술
식초 — 6큰술
소금 — 1/2작은술

소스
땅콩 스프레드 — 3큰술(스프레드 42)
스리라차 칠리 스프레드 — 적당량
(스프레드 36)

HOW TO MAKE

1. 로메인은 깨끗이 씻어서 물기를 제거한다.

2. 무와 당근은 채 썰어 나마스 양념에 재운다.

3. 목살에 분량의 양념을 넣고 30분 정도 재웠다가 센불에서 볶은 후 토치로 불맛을 내준다.

4. 쌀 바게트는 길게 칼집을 내고 안쪽에 땅콩 스프레드를 바르고 로메인, 오이 슬라이스, 적양파 슬라이스, 나마스, 돼지고기 목살구이, 스리라차 칠리 스프레드, 고수잎을 올려 샌드위치를 완성한다.

Topping

Avocado Grilled Salmon Sandwich

아보카도 훈제연어 샌드위치

INGREDIENTS

베이글 — 1개
루콜라 — 약간
훈제연어 — 2~3장
토마토 슬라이스 — 1조각
아보카도 — 1/2개
양파 슬라이스 — 적당량
케이퍼 — 약간

소스
홀스래디시 크림 스프레드 — 2큰술
(스프레드 38)

HOW TO MAKE

1. 로메인과 양상추는 깨끗이 씻어서 물기를 제거하고, 토마토는 슬라이스한다.

2. 양파는 슬라이스해서 찬물에 담가 매운맛을 제거한다.

3. 아보카도는 반으로 잘라 씨를 제거하고 슬라이스한다.

4. 베이글은 가로로 2등분하고 양면에 홀스래디시 크림 스프레드를 바르고 루콜라, 토마토, 아보카도, 훈제연어, 양파 슬라이스, 케이퍼 순으로 올리고 빵을 덮어 샌드위치를 완성한다.

Topping

Fried Grinded Fish Sandwich

어묵튀김 샌드위치

INGREDIENTS

호밀빵 — 1개
로메인 — 2장
양상추 — 1장
오이 슬라이스 — 2조각
다진 피클 — 적당량
다진 양파 — 적당량

어묵 튀김
어묵 — 1개
튀김가루 — 3큰술
카레가루 — 1작은술
물 — 3큰술
튀김기름 — 적당량

소스
마리로즈 스프레드 — 2큰술(스프레드 34)
청양 마요 스프레드 — 1큰술(스프레드 35)

HOW TO MAKE

1 로메인과 양상추는 깨끗이 씻어서 물기를 제거한다.

2 오이는 슬라이스하고, 피클과 양파는 다진다.

3 튀김옷을 만들어 어묵에 튀김옷을 입혀 170°C로 예열한 기름에 바삭하게 튀긴다.

4 어묵튀김은 먹기 좋은 크기로 슬라이스한다.

5 호밀빵은 가로로 칼집을 넣고 안쪽에 마리로즈 스프레드를 바르고 로메인, 양상추, 어묵튀김, 다진 피클과 양파, 청양 마요 스프레드, 오이 슬라이스를 넣고 샌드위치를 완성한다.

Topping

Egg Benedict

에그 베네딕트

INGREDIENTS

잉글리시 머핀 — 1개
루콜라 — 적당량
브런치 슬라이스 햄 — 3장
달걀 — 1개
파프리카 파우더 — 약간
쪽파 — 약간
오일 — 적당량

소스

샤워크림 — 2큰술
홀랜다이스 스프레드 — 적당량
(스프레드 39)

HOW TO MAKE

1. 루콜라는 깨끗이 씻어서 물기를 제거한다.

2. 달걀은 반숙으로 프라이한다.

3. 잉글리시 머핀은 가로로 2등분하고 양면에 샤워크림을 바르고 루콜라, 브런치 슬라이스 햄, 반숙 프라이 순으로 올리고 홀랜다이스 스프레드를 뿌린다.

4. 파프리카 파우더와 쪽파를 올리고 빵을 살짝 놓아 에그 베네딕트를 완성한다.

TIP

홀랜다이스 스프레드는 만드는 순서가 중요하다. 달걀노른자를 잘 풀고 버터를 제외한 재료를 섞은 후 약불에서 중탕으로 정제버터를 넣으면서 잘 녹이며 만든다.(재료는 16쪽 참고)

Topping

Fried Vegetable Sandwich

채소튀김 샌드위치

INGREDIENTS

핫도그 — 1개
치커리 — 2장
고수 — 약간

채소튀김
감자 채 — 50g
고구마 채 — 50g
콘옥수수 — 1큰술
양파 채 — 1큰술
당근 채 — 20g
튀김가루 — 3큰술

달걀흰자 — 1개
소금 — 약간
후추 — 약간
청양고추 슬라이스 — 약간

소스
베이스 스프레드 — 2큰술
(스프레드 1)
카레 머스터드 스프레드
— 2큰술(스프레드 37)

HOW TO MAKE

1. 치커리는 깨끗이 씻어서 물기를 제거한다.

2. 볼에 채소튀김 재료를 넣고 섞어서 170℃ 기름에 바싹하게 튀긴다.

3. 핫도그 안쪽에 베이스 스프레드를 바르고 치커리, 채소튀김, 카레 머스터드 소스, 고수를 올려서 핫도그를 완성한다.

잠봉 루콜라 샌드위치

Jambon Rucola Sandwich

INGREDIENTS

바게트(15cm) — 1개
잠봉 — 5장
루콜라 — 적당량
토마토 슬라이스 — 3조각
양파 슬라이스 — 적당량
블랙 올리브 슬라이스
— 적당량
슬라이스 치즈 — 2장

<u>소스</u>
갈릭 마요 스프레드 — 3큰술
(스프레드 32)

HOW TO MAKE

1. 루콜라는 깨끗이 씻어 물기를 제거하고, 토마토는 슬라이스한다.

2. 양파는 채를 썰어 차가운 물에 담가 매운맛을 빼준다.

3. 바게트는 길게 반으로 잘라 안쪽에 갈릭 마요 스프레드를 바르고 루콜라, 토마토, 잠봉, 양파 슬라이스, 블랙 올리브, 치즈 순으로 올리고 빵을 덮어 샌드위치를 완성한다.

Jambon Beurre Sandwich

잠봉 뵈르 샌드위치

INGREDIENTS

바게트(15cm) — 1개
잠봉 — 5장
버터 — 3조각
슬라이스 치즈 — 2장

소스
버터 — 3큰술

HOW TO MAKE

1. 바게트는 길게 반으로 자른다.

2. 버터는 0.5cm 두께로 잘라서 3조각을 준비한다.

3. 바게트 안쪽에 버터를 바르고 잠봉, 버터 슬라이스, 치즈를 올려 샌드위치를 완성한다.

TIP
잠봉 뵈르는 바게트 안에 잠봉(Jambom, 얇게 저민 햄)과 뵈르(Beurre, 버터)를 채워 넣는 샌드위치이다. 바게트의 고소한 맛에 잠봉의 짭짤한 맛과 버터의 풍미가 어우러진다.

Stir-fried Seafood Sandwich

해물볶음 샌드위치

INGREDIENTS

핫도그 번 — 1개
치커리 — 약간
파르메산 치즈 — 적당량

해물볶음
냉동해물믹스 — 100g
새우 — 3마리
올리브 오일 — 2큰술
칠리 파우더 — 2큰술
갈릭 파우더 — 1작은술

후추 — 약간
버터 — 적당량

소스
베이스 스프레드 — 2큰술
(스프레드 1)

HOW TO MAKE

1. 치커리는 깨끗이 씻어서 물기를 제거한다.

2. 해물은 분량의 양념 재료에 30분 정도 재웠다가 버터를 두른 팬에 넣고 센불에서 빠르게 볶아준다.

3. 핫도그 번의 안쪽에 베이스 스프레드를 바르고 치커리, 볶은 해물을 넣고 파르메산 치즈를 뿌려 샌드위치를 완성한다.

Curry Potato Agitamago
Sandwich

카레 포테이토 아지타마고 샌드위치

INGREDIENTS

식빵 — 2장
로메인 — 3장
슬라이스 치즈 — 1장
아지타마고 — 2개

아지타마고(달걀 8개 분량)
간장 담금물
(진간장 150ml, 미림 70ml, 청주 30ml,
물 1컵, 통후추 5알, 양파 1/4개, 다시마 1장,
흑설탕 1/4컵, 통마늘 2쪽, 생강 파우더
1/2작은술, 대파 1뿌리, 청양고추 1개)

카레 포테이토 샐러드
감자 — 1개
다진 양파 — 1작은술
마요네즈 — 2큰술
생크림(우유) — 1큰술
카레가루 — 1작은술
버터 — 1작은술
넛맥 — 1꼬집
소금 — 약간
후추 — 약간
(취향에 따라 콘옥수수, 게맛살, 완두콩, 다진 햄)

소스
베이스 스프레드 — 3큰술(스프레드 1)

HOW TO MAKE

1. 로메인은 깨끗이 씻어서 물기를 제거한다.

2. 아지타마고는 하루 전날 준비하는데 달걀을 굴려가며 6분 정도 반숙으로 삶아 간장 담금물에 담가둔다.

3. 감자는 삶아서 뜨거울 때 버터를 넣어 으깨고 카레 포테이토 샐러드 재료를 넣고 섞는다.

4. 식빵 양면에 베이스 스프레드를 바르고 로메인, 카레 포테이토 샐러드, 아지타마고 2개, 카레 포테이토 샐러드, 치즈 순으로 올리고 빵을 덮어 샌드위치를 완성한다.

Topping

Candied Bacon Sandwich

캔디드 베이컨 샌드위치

INGREDIENTS

호밀빵 — 2장
토마토 슬라이스 — 1조각
슬라이스 치즈 — 1장

캔디드 베이컨
베이컨 — 4줄
메이플시럽 — 2큰술

베이비 믹스 채소 샐러드
베이비 믹스 채소 — 50g
올리브 오일 — 1큰술
유자청 — 1작은술
레몬즙 — 1작은술
소금 — 약간

소스
베이스 스프레드 — 2큰술(스프레드 1)
샤워크림 — 1큰술

HOW TO MAKE

1 베이비 믹스 채소는 깨끗이 씻어 물기를 제거하고, 베이비 믹스 채소 샐러드 재료로 버무려서 냉장고에 넣어 차갑게 준비한다.

2 베이컨은 팬에서 앞뒤로 노릇하게 구워 80% 정도 익으면 양쪽에 메이플시럽을 발라서 캔디드 베이컨을 만든다.

3 호밀빵 한 장에 베이스 스프레드를 바르고 베이비 믹스 채소 샐러드, 토마토, 캔디드 베이컨, 치즈 순으로 올린다.

4 나머지 한 장에 샤워크림을 발라 3에 덮어 샌드위치를 완성한다.

Topping

Pork Sandwich

포크 샌드위치

INGREDIENTS

- 잡곡빵 — 2장
- 로메인 — 3장
- 양상추 — 1장
- 빨강 노랑 파프리카 — 각 1/4개
- 슬라이스 치즈 — 1장
- 이탈리안 파슬리 — 약간
- 소금 — 약간
- 후추 — 약간
- 오일 — 적당량

돼지고기 간장양념구이
- 돼지고기 앞다리살 — 100g
- 간장 — 1큰술
- 파인애플 통조림 국물 — 1큰술
- 다진 마늘 — 1큰술
- 생강 파우더 — 1꼬집
- 설탕 — 2큰술
- 소금 — 약간
- 후추 — 약간
- 오일 — 적당량

소스
- 베이스 스프레드 — 2큰술(스프레드 1)
- 밀러 머스터드 — 2큰술

HOW TO MAKE

1. 로메인과 양상추는 깨끗이 씻어서 물기를 제거한다.

2. 돼지고기를 양념에 30분 정도 재웠다가 센불에서 노릇하게 구워준다.

3. 파프리카는 채 썰어 기름 두른 팬에 소금 후추를 넣어 빠르게 볶아낸다.

4. 잡곡빵 한쪽 면에 베이스 스프레드를 바르고 로메인, 양상추, 파프리카 채, 볶은 돼지고기, 이탈리안 파슬리, 치즈 순으로 올린다.

5. 나머지 한쪽 면에 밀러 머스터드를 발라 4에 덮어 샌드위치를 완성한다.

Topping

아이올리 소스 클래식 버거

Aioli Sauce Classic Burger

INGREDIENTS

- 햄버거 번 — 1개
- 로메인 — 3장
- 양상추 — 1장
- 베이컨 — 2장
- 토마토 슬라이스 — 1조각
- 오이피클 슬라이스 — 3~4조각
- 슬라이스 치즈 — 1장
- 패티(시판용) — 1장
- 물 — 1큰술
- 오일 — 적당량

양파 캐러멜라이징
- 양파 — 1개
- 오일 — 1큰술
- 버터 — 1/2큰술

소스
- 아이올리 스프레드 — 2큰술 (스프레드 40)
- 렐리시 마요 스프레드 — 3큰술 (스프레드 27)
- 마요네즈 — 2큰술

HOW TO MAKE

1 로메인과 양상추는 깨끗이 씻어 물기를 제거하고, 토마토는 슬라이스한다.

2 베이컨은 팬에 구워 키친타월로 기름기를 제거한다.

3 양파는 채 썰어 오일을 두른 팬에 넣고 약불에서 갈색이 날 때까지 캐러멜라이징한다.

4 패티는 오일을 두른 팬에 넣고 센불에서 앞뒤로 1분 30초 정도 노릇하게 익히고 물 1큰술을 넣어 뚜껑을 덮어 속까지 천천히 익힌다.

5 햄버거 번은 가로로 2등분하여 한쪽 면에 렐리시 마요 스프레드를 바르고 로메인, 양상추, 토마토, 패티, 아이올리 스프레드, 베이컨, 양파 캐러멜라이징, 치즈 순으로 올린다.

6 나머지 한쪽 면에 마요네즈를 발라 5에 덮어 햄버거를 완성한다.

Topping

Spicy Red Pepper Deriyaki Sauce Burger

청양 데리야키 소스 버거

INGREDIENTS

햄버거 번 — 1개
로메인 — 3장
양상추 — 1장
토마토 슬라이스 — 1조각
패티(시판용) — 1장
양파 슬라이스 — 적당량
오이피클 슬라이스 — 적당량
슬라이스 치즈 — 1장
청양고추 슬라이스 — 약간

소스
청양 데리야키 스프레드 — 2큰술
(스프레드 16)
마요네즈 — 3큰술

HOW TO MAKE

1 로메인과 양상추는 깨끗이 씻어 물기를 제거하고, 토마토는 슬라이스한다.

2 양파는 슬라이스하여 찬물에 담가 매운맛을 제거한다.

3 패티는 오일을 두른 팬에 넣고 센불에서 앞뒤로 1분 30초 정도 노릇하게 익히고 물 1큰술을 넣어 뚜껑을 덮어 속까지 천천히 익힌다.

4 햄버거 번은 가로로 2등분하여 한쪽 면에 마요네즈를 바르고 로메인, 양상추, 토마토, 패티, 오이피클 슬라이스, 양파 슬라이스, 청양고추 슬라이스, 청양 데리야키 소스, 치즈 순으로 올린다.

5 나머지 한쪽 면에 마요네즈를 발라 4에 덮어 햄버거를 완성한다.

Topping

Cheese Waterfall Berger

치즈 폭포 햄버거

INGREDIENTS

햄버거 번 — 1개
로메인 — 3장
양상추 — 1장
이자벨 — 1장
토마토 슬라이스 — 1조각
베이컨 — 2장
패티(시판용) — 1장
양파 슬라이스 — 적당량
오일 — 적당량

트리플 치즈
체다 치즈 — 1큰술
고다 치즈 — 1큰술
모차렐라 치즈 — 5큰술
생크림 — 2큰술

소스
바비큐 스프레드 — 적당량(스프레드 41)
갈릭 마요 스프레드 — 적당량
(스프레드 32)

HOW TO MAKE

1 로메인과 양상추는 깨끗이 씻어 물기를 제거하고, 토마토는 슬라이스한다.

2 양파는 슬라이스하여 찬물에 담가 매운맛을 제거한다.

3 베이컨은 팬에 구워 키친타월로 기름기를 제거한다.

4 패티는 오일을 두른 팬에 넣고 센불에서 앞뒤로 1분 30초 정도 노릇하게 익히고 물 1큰술을 넣어 뚜껑을 덮어 속까지 천천히 익힌다.

5 팬에 체다 치즈, 고다 치즈, 모차렐라 치즈와 생크림을 넣고 약불에서 중탕으로 녹여 트리플 치즈를 만든다.

6 햄버거 번은 가로로 2등분하여 한쪽 면에 갈릭 마요 스프레드를 바르고 로메인, 양상추, 토마토, 이자벨, 베이컨, 양파 슬라이스, 패티, 트리플 치즈 순으로 올린다.

7 나머지 한쪽 면에 바비큐 스프레드를 발라 6에 덮어 햄버거를 완성한다.

Topping

PART 4

브런치로 어울리는 파니니

Injeolmi Panini

인절미 파니니

INGREDIENTS

식빵 — 2장
인절미 — 4-5조각
팥조림 — 2큰술
아몬드 슬라이스 — 적당량
콩가루 — 1큰술
꿀 — 적당량
올리브 오일 — 적당량

소스
버터 — 3큰술

HOW TO MAKE

1 인절미를 한입 크기로 썰어 준비한다.

2 버터는 실온에서 녹여서 식빵에 바른다.

3 버터를 바른 빵 위에 썰어둔 인절미와 팥조림 2큰술을 올리고 빵을 덮는다.

4 빵의 겉면에 올리브 오일을 뿌리고 예열한 그릴에 파니니를 굽는다.

5 구운 파니니에 콩가루, 아몬드 슬라이스, 꿀을 뿌려서 파니니를 완성한다.

TIP
- 시판용 빙수팥을 사용해도 좋다.
- 빙수팥을 사용할 경우 단맛이 강하기 때문에 꿀을 생략해도 된다.

Topping

Apple Brie Cheese Panini

애플 브리 치즈 파니니

INGREDIENTS

치아바타 — 1개
슬라이스 햄 — 2장
사과 슬라이스 — 3조각
건크랜베리 — 적당량
브리 치즈 — 적당량
메이플시럽 — 적당량
아몬드 슬라이스 — 약간
계핏가루 — 약간
올리브 오일 — 적당량

소스
베이스 스프레드 — 3큰술(스프레드 1)

HOW TO MAKE

1. 건크랜베리는 다지고, 사과는 슬라이스한다.

2. 치아바타는 길게 반으로 잘라 한쪽에 베이스 스프레드를 바르고 계핏가루를 조금 뿌린다.

3. 2에 사과 슬라이스, 크랜베리, 브리 치즈, 메이플시럽, 슬라이스 햄을 올린다.

4. 나머지 한쪽 면에 베이스 스프레드를 발라 3에 덮는다.

5. 파니니 겉면에 올리브 오일을 뿌리고 예열한 그릴에 굽는다.

6. 구워진 파니니에 아몬드 슬라이스와 꿀을 뿌려서 완성한다.

Topping

Gorgonzola Panini

고르곤졸라 파니니

INGREDIENTS

치아바타 — 1개
고르곤졸라 치즈 — 적당량
피자 치즈 — 적당량
건크랜베리 — 적당량
마늘튀김 — 적당량
꿀 — 1큰술
아몬드 슬라이스 — 적당량
올리브 오일 — 적당량

소스
갈릭 버터 스프레드 — 2큰술(스프레드 2)

HOW TO MAKE

1. 치아바타를 길게 반으로 자르고 한쪽에 갈릭 버터 스프레드를 골고루 바른다.

2. 잣 크기로 고르곤졸라 치즈를 올려주고 마늘튀김, 건크랜베리, 피자 치즈를 올리고 나머지 한쪽 면으로 덮는다.

3. 빵의 겉면에 올리브 오일을 뿌리고 예열한 그릴에 굽는다.

4. 구워진 파니니에 꿀과 아몬드 슬라이스를 뿌려서 완성한다.

Topping

Caprese Panini

카프레제 파니니

INGREDIENTS

식빵 — 2장
토마토 슬라이스 — 1조각
피자 치즈 — 적당량
올리브 오일 — 적당량

소스
바질 페스토 스프레드 — 3큰술
(스프레드 3)

HOW TO MAKE

1 토마토는 도톰하게 슬라이스한다.

2 식빵 양면에 바질 페스토 스프레드를 바르고 피자 치즈, 토마토, 피자 치즈 순으로 올린 후 빵을 덮는다.

3 식빵 겉면에 올리브 오일을 뿌리고 예열한 그릴에 구워 파니니를 완성한다.

TIP

- 피자 치즈 위에 소금과 후추를 적당량 뿌리면 파니니의 풍미가 좋다.
- 프레시 모차렐라 치즈를 사용하면 피자 치즈보다 녹는 속도가 느려서 천천히 먹을 때 좋다.

Topping

Philly Cheese Panini

필리 치즈 파니니

INGREDIENTS

치아바타 — 1개
양파 — 1/4개
파프리카 — 1/4개
피자 치즈 — 적당량
에멘탈 치즈 — 1장
버터 — 적당량
꿀 — 1큰술
올리브 오일 — 적당량

소고기 등심 구이
소고기 등심 — 10Cg
파인애플 주스 — 약간(밑간용)
간장 — 1큰술
설탕 — 1작은술
다진 마늘 — 약간
다진 파 — 약간
후추 — 약간

소스
버터 — 3큰술

HOW TO MAKE

1 양파와 파프리카는 5~6cm 길이로 굵게 채 썬다.

2 등심은 얇게 슬라이스하여 키친타월로 핏물을 제거하고 파인애플 주스에 15분 정도 담갔다가 소고기 양념에 30분 정도 재운다.

3 오일을 두른 팬에서 양파의 색이 짙어질 때까지 볶다가 파프리카를 넣어 같이 볶는다.

4 양념에 재운 등심은 팬에 볶다가 토치로 구워주고 볶은 채소를 넣고 국물이 없어질 때까지 볶아준다.

5 치아바타는 길게 반으로 자르고 한쪽에 버터를 바른 뒤 피자 치즈, 소고기 채소볶음, 에멘탈 치즈, 피자 치즈 순으로 올리고 나머지 한쪽 면으로 덮는다.

6 빵의 겉면에 올리브 오일을 뿌리고 예열한 그릴에 구워 파니니를 완성한다.

Topping

Mix Cheese Panini

믹스 치즈 파니니

INGREDIENTS

호밀빵 — 2장
체다 치즈 — 3큰술
에멘탈 치즈 — 1장
그뤼에르 치즈 — 1큰술
피자 치즈 — 5큰술
다진 할라피뇨 — 적당량
올리브 오일 — 적당량

소스
버터 — 3큰술

HOW TO MAKE

1. 분량의 치즈를 골고루 섞어서 준비한다.

2. 빵의 양면에 버터를 바르고 믹스 치즈와 다진 할라피뇨를 올리고 빵을 덮는다.

3. 빵의 겉면에 올리브 오일을 뿌리고 예열한 그릴에 구워 파니니를 완성한다.

Topping

Bullgogi Panini

불고기 파니니

INGREDIENTS

식빵 — 2장
피자 치즈 — 적당량
다진 할라피뇨 — 적당량
올리브 오일 — 적당량

소불고기
소고기 — 100g
간장 — 1큰술
설탕 — 1작은술
다진 마늘 — 약간
다진 파 — 약간

소스
베이스 스프레드 — 3큰술(스프레드 1)

HOW TO MAKE

1 기름을 두른 팬에 불고기를 국물이 없어질 때까지 볶는다.

2 식빵 양면에 베이스 스프레드를 바르고 소불고기, 다진 할라피뇨, 피자 치즈 순으로 올리고 빵을 덮는다.

3 빵의 겉면에 올리브 오일을 뿌리고 예열한 그릴에 구워 파니니를 완성한다.

Topping

Mushroom Panini

머시룸 파니니

INGREDIENTS

치아바타 — 1개
버섯볶음 — 100g
피자 치즈 — 적당량
올리브 오일 — 적당량

버섯볶음
버섯류 — 100g
(새송이 버섯, 양송이 버섯, 느타리 버섯 등)
양파 — 100g
굴소스 — 1큰술
발사믹 글라이즈 — 1+1/2큰술
꿀 — 1/2작은술
다진 마늘 — 약간
소금 — 약간
후추 — 약간
버터 — 약간
올리브 오일 — 적당량

소스
베이스 스프레드 — 3큰술(스프레드 1)

HOW TO MAKE

1. 버섯은 먹기 좋은 크기로 찢어놓고, 양파는 채 썬다.

2. 달군 팬에 올리브 오일과 버터를 두른 후 버터가 녹으면 채 썬 양파와 마늘을 볶다가 향이 우러나오면 버섯볶음 재료를 넣고 물기가 없어질 때까지 바싹 볶는다.

3. 치아바타는 길게 반으로 잘라 한쪽에 베이스 스프레드를 바르고 피자 치즈, 버섯볶음, 슬라이스 치즈, 피자 치즈 순으로 올리고 나머지 한쪽 면으로 덮는다.

4. 빵의 겉면에 올리브 오일을 뿌리고 예열한 그릴에 구워 파니니를 완성한다.

TIP
버섯볶음 색상을 짙게 하려면 노두유(중국 전통 간장) 1방울을 넣어 같이 볶는다.

Topping

 ▶  ▶  ▶

Corn Cheese Panini

콘 치즈 파니니

INGREDIENTS

치아바타 — 1개
피자 치즈 — 적당량
후추 — 약간
올리브 오일 — 적당량
콘옥수수 — 3큰술
버터 — 1큰술
마요네즈 — 2큰술

HOW TO MAKE

1. 체에 밭쳐 물기를 제거한 콘옥수수에 버터와 마요네즈를 섞는다.

2. 치아바타는 길게 반으로 잘라 한쪽 면에 피자 치즈, 콘옥수수, 피자 치즈 순으로 올리고 후추를 뿌리고 나머지 한쪽 면으로 덮는다.

3. 빵의 겉면에 올리브 오일을 뿌리고 예열한 그릴에 구워 파니니를 완성한다.

Topping

Cream Cheese Panini

크림치즈 파니니

INGREDIENTS

치아바타 — 1개
크림치즈 — 3큰술
팥조림 — 2큰술
피자 치즈 — 적당량
올리브 오일 — 적당량

소스
버터 — 2큰술

HOW TO MAKE

1 치아바타는 길게 반으로 자른 후 한쪽에 버터를 바른다.

2 1에 크림치즈, 팥조림, 피자 치즈 순으로 올리고 나머지 한쪽 면으로 덮는다.

3 빵의 겉면에 올리브 오일을 뿌리고 예열한 그릴에 파니니를 구워 완성한다.

Topping

Potato Bacon Panini

포테이토 베이컨 파니니

INGREDIENTS

치아바타 — 1개
감자 — 1/2개
베이컨 — 1장
양파 — 1/4개
샤워크림 — 1큰술
아라비아따소스(시판용) — 1큰술
피자 치즈 — 적당량
올리브 오일 — 적당량

HOW TO MAKE

1 감자를 삶아서 슬라이스로 썰어서 준비한다.

2 양파는 채 썰어서 볶고, 베이컨은 팬에 구워 키친타월로 기름기를 제거한다.

3 치아바타는 길게 반으로 자르고 한쪽 면에 피자 치즈, 삶은 감자 슬라이스, 구운 베이컨, 볶은 양파, 샤워크림, 아라비아따 소스, 피자 치즈 순으로 올리고 나머지 한쪽 면으로 덮는다.

4 빵의 겉면에 올리브 오일을 뿌리고 예열한 그릴에 파니니를 구워 완성한다.

Topping

Hawaiian Panini

하와이언 파니니

INGREDIENTS

치아바타 — 1개
파인애플 통조림 — 1개
콘옥수수 — 적당량
다진 햄 — 1큰술
피자 치즈 — 적당량
올리브 오일 — 적당량

<u>소스</u>
밀러 머스터드 — 3큰술

HOW TO MAKE

1. 파인애플과 콘옥수수를 체에 밭쳐 물기를 제거한다.

2. 치아바타는 길게 반으로 잘라 한쪽에 밀러 머스터드를 바르고 파인애플, 다진 햄, 콘옥수수, 피자 치즈 순으로 올리고 나머지 한쪽 면으로 덮는다.

3. 빵의 겉면에 올리브 오일을 뿌리고 예열한 그릴에 파니니를 구워 완성한다.

Topping

Marshmallow Panini

마시멜로 파니니

INGREDIENTS

식빵 — 2장
마시멜로 — 5개
피자 치즈 — 적당량
초코시럽 — 적당량
올리브 오일 — 적당량

HOW TO MAKE

1. 식빵 한쪽에 마시멜로, 초코시럽, 피자 치즈 순으로 올리고 나머지 한쪽 면으로 덮는다.

2. 빵의 겉면에 올리브 오일을 뿌리고 예열한 그릴에 파니니를 구워 완성한다.

Topping

PART 5

홈파티 음식으로 좋은 이색 샌드위치

Eggplant Pizza

가지 피자

INGREDIENTS

가지 — 1개
피자 치즈 — 적당량
건파슬리 — 약간

소불고기
소고기 — 100g
간장 — 1큰술
설탕 — 1작은술
다진 파 — 약간
다진 마늘 — 약간

후추 — 약간
소스
피자소스 — 2큰술

HOW TO MAKE

1. 가지를 깨끗하게 씻어서 길게 반을 자르고 속을 판다.

2. 소고기는 양념에 10분 정도 재웠다가 센불에서 바싹 볶는다.

3. 속을 파낸 가지에 피자소스를 바르고 소불고기, 피자 치즈 순으로 올리고 180℃로 예열한 오븐에서 5분 정도 구워준다.

4. 가지 피자에 건파슬리를 뿌린다.

French Toast

프렌치 토스트

INGREDIENTS

브리오슈 식빵 — 2장
달걀 — 3개
우유 — 100ml
생크림 — 50ml
설탕 — 1큰술
버터 — 1큰술
계절과일 — 적당량
메이플시럽 혹은 꿀 — 적당량
슈가 파우더 — 약간

HOW TO MAKE

1. 달걀을 풀고 설탕, 생크림, 우유를 넣고 설탕이 녹을 때까지 섞어준다.

2. 1의 달걀물에 빵을 충분히 적셔주고 버터를 두른 팬에 넣어 약불에서 노릇하게 구워준다.

3. 계절과일을 토핑으로 올리고 슈가 파우더와 메이플시럽을 뿌려 프렌치 토스트를 완성한다.

TIP
달걀물이 잘 스며들도록 포크로 빵을 찍어주면 더욱 부드러운 프렌치 토스트가 된다.

Monte Cristo Sandwich

몬테크리스토 샌드위치

INGREDIENTS

식빵 — 3장
달걀 — 2개
체다 치즈 — 2장
햄 — 2장
빵가루 — 적당량
올리브 오일 — 적당량

소스
허니 머스터드 — 1큰술
딸기잼 — 3큰술

HOW TO MAKE

1 달걀은 풀어서 알끈을 제거한다.

2 식빵A에 허니 머스터드, 식빵B와 식빵C에는 딸기잼을 바른다.

3 식빵A, 햄, 체다 치즈, 식빵B, 햄, 체다 치즈, 식빵C 순으로 올려 샌드위치를 만든다.

4 샌드위치 테두리를 자르고 달걀물과 빵가루를 바른다.

5 4에 올리브 오일을 넉넉하게 뿌리고 180℃로 예열한 오븐에서 15분간 굽고 뒤집어서 다시 오일을 뿌리고 5분 더 굽는다.

6 완성된 샌드위치는 먹기 좋은 크기로 자른다.

Topping

Barbecue Chicken Quesadilla

바비큐 치킨 퀘사디아

INGREDIENTS

또띠아 — 1장
피자 치즈 — 적당량

바비큐치킨
닭가슴살 — 200g
바비큐 소스 — 2큰술
오일 — 적당량
마리네이드(파인애플 통조림 국물 200ml,
홀그레인 머스터드 1큰술)

소스
밀러 머스터드 — 2큰술

HOW TO MAKE

1. 닭가슴살은 파인애플 통조림 국물과 홀그레인 머스터드에 하루 전날 재웠다가 그릴에 구운 뒤 찢어서 준비한다.

2. 찢어놓은 닭가슴살에 바비큐 소스를 넣고 중약불에서 소스가 배도록 충분히 볶는다.

3. 팬에 또띠아를 올리고 밀러 머스터드를 절반 바르고 바비큐 치킨, 피자 치즈 순으로 올린다.

4. 또띠아를 반으로 접고 약불에서 치즈가 녹을 정도로 구워준 후 먹기 좋게 자른다.

Topping

Bullgogi Quesadilla

불고기 퀘사디아

INGREDIENTS

또띠아 — 1장
피자 치즈 — 적당량

버섯볶음
버섯류 — 150g(느타리버섯, 새송이버섯 등)
양파 — 적당량
굴소스 — 1작은술
오일 — 적당량

소불고기
소고기 — 100g
간장 — 1큰술
설탕 — 1작은술
다진 마늘 — 약간
다진 파 — 약간

소스
스파게티 소스 — 2큰술

HOW TO MAKE

1 소고기는 양념에 10분 정도 재웠다가 센불에 바싹 볶는다.

2 버섯은 먹기 좋은 크기로 찢고, 양파는 채 썬다.

3 기름을 두른 팬에 2를 볶다가 굴소스를 넣고 물기가 없어질 때까지 볶는다.

4 팬에 또띠아를 올리고 스파게티 소스를 절반 바르고 불고기, 양파버섯볶음, 피자 치즈 순으로 올린다.

5 또띠아를 반으로 접고 약불에서 치즈가 녹을 정도로 구워준 후 먹기 좋게 자른다.

TIP
불고기와 채소는 물기 없을 때까지 볶아줘야 퀘사디아의 맛이 깔끔합니다.

Topping

Shrimp Tortilla Wrap

쉬림프 또띠아 랩

INGREDIENTS

또띠아 — 1장
로메인 — 2장
양상추 — 1장
오이 — 1/4개
양파 — 1/4개
슬라이스 치즈 — 2장

스파이시 쉬림프
탈각 새우 — 6마리
케이엔페퍼 — 1작은술
버터 — 적당량
올리브 오일 — 적당량

소스
아라비아따 소스(시판용) — 3큰술

HOW TO MAKE

1. 로메인과 양상추는 깨끗이 씻어서 물기를 제거한다.

2. 새우는 케이엔페퍼와 올리브 오일에 재웠다가 버터를 두른 팬에서 분홍빛이 날 때까지 익힌다.

3. 오이, 양상추는 채 썰어 준비하고, 양파는 채 썰어 찬물에 담가 매운맛을 빼준다.

4. 또띠아에 아라비아따 소스를 바르고, 로메인, 양상추, 오이, 양파, 스파이스 쉬림프, 치즈 순으로 올린다.

5. 또띠아의 양끝을 접어서 돌돌 말아 유산지로 감싼다.

Topping

Tiramisu Sandwich
티라미수 샌드위치

INGREDIENTS

식빵 — 4장
코코아가루 — 적당량
휘핑크림 — 100g
크림치즈 — 100g
마스카포네 치즈 — 50g
설탕 — 30g

커피시럽
에스프레소 — 1큰술
물 — 100ml
조청 — 30g

HOW TO MAKE

1. 식빵은 모양틀로 찍는다.

2. 커피시럽 재료를 냄비에 넣고 약불에서 끓여서 커피시럽을 만든다.

3. 휘핑크림에 설탕을 조금씩 넣어가면서 단단하게 휘핑하고, 크림치즈와 마스카포네 치즈를 잘 섞어서 티라미수 크림을 준비한다.

4. 커피시럽에 적신 식빵, 크림, 커피시럽에 적신 식빵, 크림, 커피시럽에 적신 식빵, 크림, 커피시럽에 적신 식빵 순으로 차례대로 쌓고 코코아가루를 뿌려서 티라미수 샌드위치를 완성한다.

TIP
커피시럽을 만들 때 저어주면 시럽이 굳으니 주의한다.

Onion Flakes Hotdog

양파 플레이크 핫도그

INGREDIENTS

핫도그빵 — 1개
치커리 — 적당량
프랑크소시지 — 1개
양파 플레이크 — 적당량

<u>소스</u>
베이스 스프레드 — 3큰술
(스프레드 1)
케첩 — 적당량
허니 머스터드 — 적당량

HOW TO MAKE

1. 치커리는 깨끗하게 씻어서 물기를 제거한다.

2. 프랑크소시지는 사선으로 칼집을 넣고 뜨거운 물에서 데친다.

3. 핫도그빵 안쪽에 베이스 스프레드를 바르고 치커리, 프랑크소시지, 양파 플레이크 순으로 올리고 케첩과 허니 머스터드를 뿌려 완성한다.

TIP
프랑크소시지는 월계수잎 1장을 넣고 데치면 맛이 더 담백하다.